EXPANSIÓN DE HORIZONTES

EXPANSIÓN

THEOSOPHICAL UNIVERSITY PRESS
PASADENA, CALIFORNIA

JAMES A. LONG

DE HORIZONTES

A Sunrise Library Book

A Sunrise Library Book
Publicado por Theosophical University Press
P. O. Box C, Pasadena, California 91109-7107 USA

Traducción al Español © 1995 por
Theosophical University Press
Edición Original en Ingles © 1965 por
Theosophical University Press

Todos los derechos incluyendo el derecho de reproducción en todo o en parte en cualquier forma están reservados a través tratados Internacionales y Pan Americanos.

Este Libro esta impreso en papel reciclado, sin ácido.

Library of Congress Cataloging-in-Publication Data

Long, James A.
   [Expanding horizons. Spanish]
   Expansión de horizontes / James A. Long. — 1a ed.
     p.   cm.
   Includes bibliographical references and index.
   ISBN 1-55700-024-7 (alk. paper)
   1. Theosophy.   I. Title.
BP570.L618   1995
299'.934—dc20   95-9183
                                                              CIP

Primera Edición: July 1995

Imprimido en Theosophical University Press, Pasadena, California

Contenido

Introducción	1
Guión del Destino	11
Karma: ley de Causa y Efecto	19
El Padre Nuestro	27
Más Allá de la Muerte: Nuevas Vidas	35
Herencia y Medio Ambiente	45
El Puente del Entendimiento	55
La Regla de Oro	59
Las Tres Columnas de la Tradición Antigua	63
Dios, la Voluntad de Dios, y la Predestinación	75
El Bien y el Mal	85
Inversión en Fortaleza de Carácter	97
Desenvolvimiento Síquico en Oposición al Espiritual	101
Como Niños Pequeños	113
Expansión de Horizontes de la Juventud	119
Conciencia e Intuición	135
Lo Positivo y lo Negativo del Remordimiento	147
¿Carbón o Diamante?	157
Las Seis Gloriosas Virtudes del Budismo — I	163
Las Seis Gloriosas Virtudes del Budismo — II	173
El Camino Real del Servicio	183
Nuestra Fuente Divina de Poder	195
El Ser Humano: en Parte Atomo, en Parte Galaxia	199
Theosophia: Conocimiento de Asuntos Divinos	209
Algo Más Sobre Teosofía	221
El Hombre Sobrevivirá	235
Índice	245
Obras Citadas	251

Advertencia de los Traductores

Con mucho gusto hemos aceptado el encargarnos de la traducción de la presente obra, *Expanding Horizons* por James A. Long, con base en un manuscrito de ensayo, en español, hecho por el Sr. Blair A. Moffett y revisado por Sr. James H. Bothwell.

Su importancia desde el punto de vista de estilo literario, claro y sencillo, es una ventaja para el lector. En ella éste encontrará un amplio conocimiento básico sobre la doctrina teosófica que el escritor maneja con maestría. Nosotros por nuestra parte hemos tratado de ceñirnos estrictamente a lo que el Sr. James A. Long quiso expresar en su producción literaria. Esperamos haber cumplido bien nuestro compromiso. Damos las gracias a la Editorial Theosophical University Press, de Pasadena, California, por habernos encomendado una empresa tan delicada.

Humberto Miranda
Mario Berríos
Alhambra, California, 1995

Introducción

En cada época han reflexionado hombres y mujeres acerca del misterio de la existencia: ¿De dónde venimos? ¿Por qué estamos aquí? ¿Y cuál será nuestro destino final? Al anhelar descubrir una filosofía que resulte válida, ¿a dónde podemos recurrir?

Si somos sinceros en nuestro deseo de hacernos instrumentos para el bien del mundo, el poder de nuestra aspiración nos proporcionará ineludiblemente las oportunidades que necesitamos para lograr nuestra finalidad. Tal vez un libro, una revista o un suceso de aparente casualidad, alguna persona o cosa, hará surgir en nuestra conciencia una reacción en cadena que nos atraerá como el imán a las limaduras de hierro, hacia una dirección de pensamientos enteramente nuevos y aun de circunstancias las cuales, si las continuásemos, transformarían el rumbo de nuestras vidas.

EXPANSIÓN DE HORIZONTES

Nuestra más grande esperanza yace en el hecho de que la Verdad existe. Ha llegado a nosotros por milenios, como un río cuya fuente permanece en lo Desconocido. A veces fluye su corriente fuerte y clara por la superficie de la tierra, enriqueciendo los corazones humanos. Otras veces, no encontrando un canal de mentes receptivas, desaparece y fluye tranquilamente bajo tierra y los terrenos que antes fertilizaba quedan estériles. Pero el río siempre fluye.

¿Cómo se nos ha transmitido esta "sabiduría de las edades"? ¿No ha sido por medio de las vidas y obras de los grandes maestros del pasado, el Maestro Jesús, Gautama Buda, Krishna, Mahoma, Confucio, Lao-Tze, Platón y otros más? Cada uno de ellos laboró con una sola finalidad: resucitar en la conciencia del ser humano el reconocimiento de su potencialidad divina y reafirmar los valores espirituales encarnados en las sagradas tradiciones de la antigüedad. Cada uno, a su propia manera, ayudó a que el río de la Verdad fluyese de nuevo por los campos del esfuerzo humano y que refrescase a las almas resecas de aquéllos cuya fe se había debilitado.

¿Por qué se repiten estos períodos áridos, cuando encontramos en el corazón de todas las grandes religiones y filosofías los idénticos principios de pensamiento y de acción rectos, el mismísimo núcleo de inspiración? ¿Fueron culpables los Maestros o sus enseñanzas? ¿O se trata de la inhabilidad de sus coetáneos de entender suficientemente el significado del mensaje y de transmitirlo en su debida pureza? Estos y otros muchos asuntos expuestos están tratados en las discusiones que siguen.

Pero antes pensemos en algunos de los problemas preliminares que confrontamos en nuestra búsqueda de una comprensión amplia de los misterios de la vida. En primer lugar, y esto es paradójico, ni Cristo ni Buda, ni tampoco ninguno de los demás que enseñaron a la humanidad, vinieron para establecer

INTRODUCCIÓN

una religión mundial. El cristianismo primitivo, verbigracia, como se mostraba en la vida e influencia de Jesús, era una nueva presentación de esa sabiduría sempiterna, que después de haber sido escrita y "explicada" por sus innumerables expositores, ya fuese dentro o fuera de la iglesia, progresivamente llegó a ser cada vez menos y menos la síntesis universal de la ética y la filosofía como la daba el Maestro.

Siempre fueron los discípulos y seguidores de Cristo y de Buda quienes, profundamente conmovidos por la "nueva" revelación, crearon por sí mismos las religiones formales y construyeron los templos e iglesias con la esperanza de preservar así el viviente mensaje de su Maestro. Mientras transcurrieron los siglos y subsiguientes escuelas de pensamiento impusieron *sus* interpretaciones, repetidamente el espíritu de las enseñanzas originales llegó a ser ahogado por la interpretación literal de la letra muerta. Pues el mismo empeño de definir y dogmatizar automáticamente restringió la libre corriente de la Verdad y le quitó su potencia de vigorizar e iluminar.

Cualquiera que sea el nombre o forma exterior asumido por esta arcaica tradición durante las eras anteriores a las del cristianismo, en tierras al norte o al sur, al este o al oeste, desde el tercer siglo A.D. se dio a conocer como *theosophia*, "sabiduría de las cosas divinas," como la enseñó en Alejandría Amonio Sacas. Oculta del conocimiento público, a causa de las ya cerradas mentes de los primeros Padres de La Iglesia, cuyas disputas teológicas son conocidas, esta sabiduría continuaba como una corriente uniforme, no sólo con los Cabalistas, quienes estudiaron secretamente su "teosofía de los ángeles" durante los períodos obscuros de la Edad Media, sino que también ella estimuló las lumbreras del Renacimiento: Paracelso, Pico de la Mirandola, Leonardo de Vinci, Bruno, Kepler y una hueste de otros científicos, filósofos, poetas y artistas.

EXPANSIÓN DE HORIZONTES

¿Fue una casualidad que los escritos de Jacob Boehme, el "teósofo teutónico" del siglo dieciséis, inspirara a San Martín a realizar una "correspondencia teosófica" con un amigo filósofo suizo a fines del siglo diecisiete? ¿Y que estas cartas fueran reimpresas en Inglaterra en 1863 con la esperanza de despertar un nuevo interés en "la ciencia teosófica y en el puro Evangelio envueltos en estas ideas"? ¿Y además, que Emerson y otros, estimulados por el discernimiento cósmico del *Bhagavad-Gītā*, dirigieran la vanguardia del movimiento Transcendentalista en los Estados Unidos en los 1830?

Según la tradición, el gran reformador tibetano Tsong-Kha-pa (1357?-1419) profetizó que durante el último cuarto de cada siglo subsiguiente se sentiría un notable ímpetu espiritual, particularmente en el Occidente. Mientras que no se identifica fácilmente esta corriente revivificadora en los siglos inmediatamente sucesivos, parece haber tenido expresión en ciertos individuos iluminados, como también dentro de las cámaras secretas de los Alquimistas, Cabalistas, y Filósofos del Fuego. En los siglos dieciocho y diecinueve se puede notar el impulso espiritual con más claridad; no es que se fundara una nueva religión, sino que se sembró en el suelo de futuros siglos la semilla que más tarde florecería con una visión moral más amplia.

Hacia fines del siglo dieciocho, coincidiendo con las Revoluciones Americana y Francesa, ocurrió la primera ruptura importante del aislamiento religioso que dominaba a Europa, con la penetración dentro de los círculos intelectuales Occidentales del rico contenido filosófico de la literatura Oriental. Pero no fue sino hasta las décadas finales del siglo diecinueve cuando la fuerza vivificadora, penetrando por todos los rincones del mundo intelectual, adquirió un impulso suficiente para traerla a nuestro siglo presente.

El punto culminante de este ímpetu fue la publicación por

INTRODUCCIÓN

Helena Petrovna Blavatsky en 1888 de su obra, *La Doctrina Secreta*, una investigación comprehensiva de las literaturas sagradas del mundo entero (no sólo del cristianismo) que revelaba las ideas claves en todas ellas, las cuales son como joyas engarzadas en un solo hilo de oro: el divino origen y destino del ser humano. De ningún modo era insignificante la reimplantación en el pensamiento Occidental de la antes universalmente reconocida doctrina de la Reencarnación, el retorno periódico del alma a la experiencia terrestre. De este modo el antiguo río que por tanto tiempo había estado enterrado bajo el cieno, por acumuladas disputas dogmáticas, otra vez fluía claro por la superficie.

Todo progreso de la humanidad proviene de los esfuerzos repetidos del alma humana para dar expresión a aquellas ideas espirituales primordiales que fueron implantadas profundamente en la memoria de la raza, cuando por primera vez encontró su hogar en este globo. Durante el largo curso de nuestra peregrinación, hemos avanzado de un estado de inconsciencia de uno mismo a una consciencia de nosotros mismos y, finalmente, a un reconocimiento de nuestra responsabilidad moral individual, una responsabilidad que ha sufrido muchas y variadas transformaciones.

Desde el punto de vista material, la evolución ha ido acercándose rápidamente a un zenit cíclico; pero ahora hay un nuevo impulso evolutivo intentando manifestarse, el cual tendrá que salir a luz a través del mismo medio que propende refrenarlo. En estos días decisivos, es a la fortaleza de la semilla divina creciente dentro de la dura cáscara del materialismo, al nacimiento de la fuerza moral y espiritual en las relaciones humanas, que volvemos nuestras miradas.

Hemos llegado por cierto a un punto decisivo, más allá del cual ya no nos atrevemos a someternos a la rigidez del dogma.

EXPANSIÓN DE HORIZONTES

El creciente número de legos que leen los clásicos religiosos y filosóficos del mundo rehusan aceptar cualquier fe religiosa, como la palabra final de la Verdad o la única vía de salvación. También los colegios y las universidades están impulsando un punto de vista más universal y, en un empeño de descubrir el hilo unificador de la sabiduría, están ofreciendo cursos regulares de religiones comparadas.

Así como el Sol físico revela las distintas fases de su actividad solar, de acuerdo con diferentes longitudes de onda que se emplean para fotografiarlo, asimismo cada una de las escrituras sagradas contiene diversos niveles de inspiración. Es posible leer las parábolas y leyendas que involucran a un maestro como una explicación histórica de su nacimiento, sus logros y enseñanzas; o, utilizando otra longitud de onda, podemos mirarlo como un Salvador, fulgurando por el horizonte de la experiencia humana, como un dios solar, que deja en pos de sí, una luz y una esperanza durante milenios; o aun podemos, con la simple práctica de sus preceptos, cobrar ánimo para el diario vivir.

Entonces debe ser obvio, que esta religión-sabiduría abarque los más profundos conocimientos del saber, así como la ética más pura. El pensamiento clave del arco es que en el corazón de todo está la Divinidad, por dentro, por fuera, por encima, por debajo, Divinidad que busca manifestarse para iluminar el ambiente dentro del cual nace su influencia. Lo trágico es que por muchos, pero muchos siglos nos hemos acostumbrado a creer, no por elección, sino por mala instrucción, que somos gusanos del polvo. No se nos enseñó que siendo dioses latentes tenemos que redescubrir por nosotros mismos las maneras y medios para llegar a ser, con el tiempo, colaboradores autoconscientes de la Naturaleza. Esta es una visión bella y fortalecedora, pues mediante el cuidadoso y justo equilibrio de la ley de causa y efecto, los ciclos de actividad y de reposo, a su vez permiten el perpetuo desarrollo de las cualidades deificadoras dentro de cada uno de nosotros.

Sin embargo nos vemos estancados en lo superficial, si nos fijamos solamente en las complicaciones de la doctrina técnica. Podemos estar seguros de que los Protectores de la raza no se habrían esmerado tanto en preservar en forma de semilla, mito, leyenda, símbolo y piedra, un conocimiento de estas tradiciones meramente para fascinar al intelecto. Se ha reiterado esta sabiduría de época tras época, porque en el fondo de toda fase de la enseñanza existe un concepto ético el cual hay que reconocer y ejemplarizar. El esfuerzo entero proviene de un impulso compasivo de conservar viva la ardiente intuición del ser humano.

La Verdad, como la felicidad, no se puede comprar. Deben merecerse y entre más sinceros seamos, más vigilantes hemos de estar para distinguir lo auténtico de lo falso. La diferencia no es siempre patente, pues no toda actividad que se llame religiosa o metafísica está edificada sobre un fundamento espiritual desinteresado. Después de que H. P. Blavatsky enunció la antigua y universal filosofía, el Occidente en especial se ha visto inundado de innumerables profetas menores quienes, dedicándose a una o más semiverdades, han erigido sobre ellas estructuras resplandecientes de fantasías. Nuestro propósito no es juzgar su mérito o demérito. El tiempo separará el trigo de la escoria.

Sin embargo, permítasenos aclarar que nosotros no tenemos ningún interés, ni podemos estar de acuerdo con las prácticas seudoespirituales extravagantes de hoy día: el siquismo, la búsqueda de fenómenos, la adquisición de las llamadas facultades ocultas, los ejercicios de hatha-yoga, las iniciaciones en los misterios especiales, casi siempre a cambio de dinero. Por mucho que se le disfrace, todo eso no es nada más que un llamamiento al egoísmo de la naturaleza humana. Aquellos de nosotros cuyos dedos han sido quemados por uno u otro de estos falsos ismos hemos aprendido, después de muchas penas y dificultades, que el sendero hacia la Verdad es por cierto "angosto y estrecho," pero que es el único camino que nos conducirá con seguridad a nuestra meta.

He sido privilegiado a través de los años en "dialogar" con individuos y agrupaciones de gente en varias regiones del mundo. En estas conversaciones se destacaba una realidad aparte de todo lo demás, la búsqueda de una filosofía factible a la que se pudieran aferrar en su interior y a la necesidad correspondiente de poder corroborar la percepción intuitiva de que *sí* hay una aclaración o explicación de los múltiples problemas y paradojas de la vida. Con el reconocimiento de que la civilización muestra, más que nada la evolución y el producto del carácter humano, nuestras conversaciones sondearon aquellos principios espirituales que pueden utilizarse en cualquier circunstancia, sin hacer caso de la profesión de fe, la política, la cultura o la clase social personal. Pues cualquiera que sea la trayectoria de experiencia de uno, siempre hay un terreno común de valores en que muchos pueden concurrir.

Mucho del material de esta obra, ofrece el fruto de un intercambio de ideas con centenares de hombres y mujeres que se había publicado en la revista *Sunrise* y, aunque se ha editado cuantiosamente, hemos procurado conservar la informalidad de los diálogos originales. Sin embargo, si algún lector espera una receta de instrucciones contenidas de antemano que le ilumine quedará decepcionado. Cada uno de nosotros es único, es una expresión individual de su ser interno; por lo tanto, habremos de descubrir y continuar aquel sendero de realización que pertenece a nosotros mismos y a nadie más.

No hay ninguna fórmula preparada que responda a las necesidades de todo el mundo, ni libro, ni guía, ni fuente alguna fuera del hombre en sí mismo; ¿quién puede predecir a otro lo que necesita para su propio adelanto? El único guía y mentor es la *Vida*. Una vez que un individuo, por los procedimientos naturales de su conciencia despierta, encuentra la piedra de toque de la Verdad dentro de sí mismo, se dará cuenta de que la autoridad de esa Verdad emana no de ésta o de aquella persona cuyos escritos él pueda haber leído o cuyas conversaciones le puedan haber gustado, sino que surgen de las profundidades de su propia alma. — J.A.L.

El moviente dedo escribe; y, habiendo escrito,
Continúa: ni toda tu Piedad ni tu Talento
   Harán que regrese a anular ni media Línea,
Ni todas tus Lágrimas borrarán de ella una Palabra.
    — *Rubāiyāt* de OMAR KHAYYĀM

Guión del Destino

Si creemos que la ley de Orden y Armonía que prevalece en las esferas celestes se refleja en el mundo de la actividad humana, entonces debemos saber que lo que un hombre siembra en el campo de su personalidad, tal acción determina lo que cosechará, ya sea en esta vida o en algún otro plano de experiencia en el futuro. Y si consideramos nuestras vidas seriamente, desde esta perspectiva, nos damos cuenta que en toda circunstancia en que nos encontremos hoy, *nosotros* debemos de haberla engendrado en alguna parte del camino. Al ser así el caso, es seguro de que no hay ni un solo momento que no tenga su propósito, pues en verdad ¿no estamos en una misma escala de evolución en medio del camino entre los átomos y las estrellas, en que cada uno y todos evolucionan, se desarrollan y aprenden a poner de manifiesto su propio grado de divinidad?

Los molinos de Dios muelen despacio, pero muelen finísimamente bien. Lo que sembramos, debemos cosechar. En las obras sagradas de Oriente llaman a esto *Karma*, implicando con ello que a cada acción le sigue su correspondiente reacción. Es una palabra útil, ahora adoptada por el inglés, porque abarca toda la filosofía de la armonía y de la justicia, así como la compasiva provisión de la Naturaleza que permite al hombre aprender con suma minuciosidad enfrentándose a los resultados de sus pensamientos y acciones.

Así, pues, vigilemos el diario desarrollo de los acontecimientos a la luz de las sugerencias internas y externas, para que podamos percibir a través de la complejidad de la acción y reacción, del sembrar y cosechar, del dar y recibir en el plano objetivo, un hilo guía de "Ariadna." Si las obras de la Divinidad se manifiestan en todas las cosas, entonces no hay persona que encontremos ni acontecimiento que ocurra que no presente una oportunidad de progreso y una positiva guía para la conducta de nuestras vidas. La misma ley que nos quema cuando tocamos la llama, opera también en los planos morales y espirituales; y esta ley seguirá causándonos dolor y tristeza de una u otra clase hasta que no nos demos cuenta de que nuestro Yo Superior está tratando, a veces desesperadamente, de decirnos algo. Y mientras nos fijemos en lo que está pasando dentro de nuestras almas, reconoceremos que el foco o calidad de nuestro interés se está elevando gradualmente de un plano de conciencia inferior a uno superior.

Todos tenemos ideas diferentes del porqué hay sufrimiento;

pero la Naturaleza no tiene manera más benéfica de prevenirnos contra nuestras limitaciones o contra los errores que hacemos al permitir enfrentarnos con los efectos precisos de nuestras acciones erróneas y egoístas, así como nos beneficiamos hasta lo último de los resultados de cada acto y pensamiento verdaderamente desinteresado. Este total proceso de ajuste da mayor fuerza a la faceta inegoísta de la Naturaleza que acciona y reacciona tan impersonalmente como lo hacen el sol y la lluvia.

El elemento inmortal interior es la fuente de nuestra más grande inspiración y fortaleza, porque lleva dentro de sí la sabiduría y el conocimiento de todo nuestro pasado, el registro indestructible de nuestros padecimientos y anhelos, esperanzas y sueños. Es el archivo de todo lo pensado y hecho, del cual emanan los efectos de causas puestos en marcha hoy, ayer y en vidas anteriores.

Así en el cósmico libro del destino no hay ángel registrador que asigne divino premio o satánico castigo. Es solamente el hombre mismo quien ha inscrito su pasado el que debe leer e interpretar su presente y, al hacerlo, forma su futuro. No debemos tener la esperanza de poder descifrar inmediatamente la completa descripción del destino de nuestras vidas; pero debemos intentar leer las indicaciones de guía a medida de que lleguen. Nuestro principal obstáculo es el de esperar que el Karma actúe rápidamente o de acuerdo con nuestros deseos, pero a medida de que entendamos más claramente nuestro propio capítulo individual, dentro de la más extensa escritura universal del destino, observaremos que las circunstancias y los sucesos que se nos presentan día a día, trabajan tan científicamente, con tanta exactitud y tan compasivamente, que todos los seres que encontramos son conducidos necesariamente hacia nosotros, y nosotros hacia ellos, para que cada uno aprenda y progrese, reciba y dé. Es un intercambio natural y bello de experiencia y, si podemos tranquilamente intuir el Karma según se desenvuelve de momento a momento, comenzaremos a reconocer los impulsos guiadores. Sin embargo, si buscamos ansiosamente indicaciones guiadoras no las encontraremos nunca. Esta es la paradoja: mientras busquemos tal o cual clase de auxilio, éste no llega nunca; pero si enfrentamos a cada día sin miedo confiando en nuestra fuerza y sabiduría congénitas, tendremos todo el amparo y auxilio que podamos utilizar.

Sin embargo, no nos engañemos con la idea ilusoria de que si nos sentamos quietamente a esperar nos vendrá el conocimiento o la inspiración verdadera. Todo desarrollo del entendimiento se alcanza mediante el cumplimiento consciente de nuestro íntegro deber en todo campo de nuestra responsabilidad. Si podemos mantener este ideal en el fondo de nuestra conciencia, instintivamente miraremos a través de los sucesos externos para penetrar en su cimiento y esencia. Cuando hacemos eso, el valor interno, el espíritu y no meramente la letra de cada experiencia se convierte en parte de nuestro carácter; de esta manera la vida asume una nueva dimensión.

Si hemos tenido muchas vidas en el pasado, seguramente tendremos repetidas moradas en la Tierra; algunas pueden ser placenteras y afortunadas de acuerdo con nuestras normas establecidas; otras serán unas verdaderas pesadillas de frustración y aflicción. El autor de nuestra vida, quien no es otro que nosotros mismos, ha diseñado las luces y las sombras de nuestra experiencia presente de tal manera que nosotros, con nuestro libre albedrío y cualquier grado de inteligencia y pureza de aspiración que podamos reunir, percibamos aquellas cualidades de nuestra personalidad que necesitan reforma y donde haya columnas firmes sobre las cuales podamos edificar. Nuestro más grande error consiste en tratar de salir de los tiempos difíciles, lo más pronto posible, olvidándonos por completo de que esos momentos infernales nos están preparando para dar a luz a algo de valor inmensurable, que de otra manera éste podría nacer muerto. ¿Cuán pocos de nosotros al llegar los momentos más felices, pensamos en compartir con nuestros semejantes los valores de oro que se hallan en el crisol del sufrimiento? Tan pronto como llegan los tiempos mejores, los gozamos ávidamente olvidando la belleza y enriquecimiento que acompañaban al dolor. Éste es el porqué las experiencias agradables pueden representar para nosotros los tiempos más peligrosos; y las difíciles, los más provechosos.

Gracias a la esencia creadora que existe en el fondo del cosmos, cada minúscula partícula de éste es bipolar. De aquí que se pueda transformar la circunstancia más negativa en una positiva, y se pueda contemplar la condición más material desde el polo espiritual de la experiencia. Logramos gran fortaleza por medio del dominio de las dificultades; hasta los menores obstáculos tienen mérito si damos la bienvenida a toda circunstancia como parte de nuestro tesoro de oportunidades. Las dificultades y tropiezos que se nos ofrecen en el curso de los deberes naturales son los resultados de la responsabilidad disciplinaria, a largo plazo, de nuestro Yo Superior, pues el desenvolvimiento del individuo y el de la humanidad entera, están cimentados en la conquista de sí mismo.

Así es que no hay nada que suceda que no lleve consigo una oportunidad de ajustar nuestras actitudes y conciencia a una visión más amplia y a una percepción más comprensiva hacia los demás. Si surge un problema, tenemos el reto de hacerle frente y resolverlo; si es una tristeza, es para probar el funcionamiento compasivo de la Ley; y si es un regocijo, es para ver cómo y en dónde pudiéramos compartir su bendición. Sin embargo, yo no creo que cada prueba o dificultad sea el resultado de equivocaciones. Claro es que el yerro y la flaqueza traen sufrimientos en su despertar, pues obviamente ese es el modo más seguro de la Naturaleza al enseñar. Pero hay un Karma superior que puede atraernos magnéticamente hacia los valles del dolor para sacarnos de nuestros viejos y cómodos surcos y dirigirnos a nuevas sendas de pensamiento.

Tocamos aquí el aspecto interno del desarrollo del destino de nuestras vidas: cuando cualquier individuo se esfuerza sinceramente en expandir su conciencia para hacerse un servidor impersonal de su voluntad espiritual, empieza a activar el elemento Cristo dentro de sí. Cuando eso ocurre, su conciencia brilla un poco más, y su Yo Superior o Ángel Guardián al reconocer la intensidad de la llamada, no se atreve a ignorarla. Entonces la Naturaleza le suministra lo que necesita para poner a prueba la fuerza y fidelidad de su aspiración. La Ley funciona a pesar de la fortaleza o la debilidad tuya o de la mía, y lo que el hombre *es* será visto en las más recónditas profundidades de su alma. Ni reglas ni regulaciones fijas, ni Biblias ni Vedas ni ninguna escritura sagrada le ayudarán en tales momentos. Él puede saber todas las facetas técnicas de la estructura de átomos y galaxias, todo acerca de los muchos principios de la constitución humana; pero a menos de que no haya cumplido los requisitos de su deber en cada aspecto de su naturaleza, no podrá abrir la puerta de la sabiduría. Este sendero de desenvolvimiento puede parecernos solitario, pero es un sendero de gozo. Una vez que pongamos los elevados principios del pensamiento recto en cada una de nuestras acciones, sabremos que la Divinidad que anima tanto al átomo como a la estrella, también abarca al hombre.

Una absoluta confianza en la Ley pone a funcionar una fuerza interior que sigue la dirección de menor resistencia y que circula a través del cuerpo de la humanidad. Pues la pureza de la devoción y la lealtad de cada uno funcionará sin hacer caso al tiempo o lugar para hacer el justo bien del que ni tú ni yo podemos tener idea ni pronosticar ni dirigir. No necesitamos saber cómo funciona; pues si la Naturaleza se está esforzando en permitir que la Divinidad se refleje, en todas las partes del cosmos, podemos estar seguros de que por dondequiera que latan corazones comprensivos, allí el Bien y la buena voluntad vendrán y disminuirán el peso de la perversidad y del Mal en el mundo.

El dedo moviente escribe. Si tratáramos de leer el destino de nuestras vidas en este plano de pensamiento, podríamos encontrarnos, sin ser conscientes de ello, convertidos en agentes naturales de amparo para nuestros semejantes en el esquema de la divina tutela que está construída alrededor de la humanidad.

Karma: ley de Causa y Efecto

Pregunta — Me gustaría saber más acerca del Karma, especialmente en relación con la idea de que somos responsables de las circunstancias de nuestra vida. ¿Podríamos discutir esto un poco?

Comentario — Este es un tema que nunca pierde interés. Ustedes recordarán cómo en el Nuevo Testamento el pensamiento: "lo que un hombre siembra, eso también cosechará." Esto es lo que justamente *Karma* significa. Es un término sánscrito usado en la filosofía hindú y budista que quiere decir "acción" seguida de una reacción. Cada religión pone énfasis en la doctrina de la responsabilidad moral. Los musulmanes hablan de Kismet que representa el hado que le acompaña a uno través de su vida. Los antiguos griegos tuvieron su Némesis o diosa de la justicia retributiva; ellos también personificaban el pasado, el presente y el futuro como las tres Moiras o Tejedoras del Destino. Así también los nacidos en la religión judía están familiarizados con el mandamiento Mosaico "ojo por ojo y diente por diente." Todos estos representan distintas maneras de expresar la ley universal de armonía y equilibrio que asegura que cada causa puesta en marcha efectuará, en algún momento del futuro, su reacción correspondiente.

Lo que primero a uno le llama la atención en el estudio de Karma es la fuerza de pensamiento que nos conmueve cuando pensamos en la conexión que tiene con la doctrina compañera del renacimiento y en la parte que cada uno de nosotros desempeña en el largo drama de la existencia. Hemos de cuidarnos de la tendencia a limitar nuestra visión al "yo y a mi propio karma"; de esta manera podemos llegar a estar tan envueltos en nuestros asuntos personales que dejamos de contemplar nuestras experiencias diarias, práctica e inteligentemente, a la luz de una perspectiva más amplia.

Hay muchas clases de karma tales como el mundial, el nacional y el racial; karma de la familia así como también el karma individual. Podemos decir que hay karma comercial, karma de comunidades etc. En otras palabras, en cada campo de experiencia, desde el individual hasta el internacional, los hombres han estado pensando y actuando poniendo en marcha muchas causas las cuales han de producir sus efectos. Así es que no hay fin de las ramificaciones de las acciones y de las reacciones.

Pregunta — ¿Exactamente cómo empezó todo esto?

Comentario — Para tener una perspectiva más verdadera del Karma en relación con la actualidad, tenemos que regresar en pensamiento, al tiempo del Paraíso Terrenal. Se nos ha dicho que desde el día en que el hombre probó la fruta del árbol del conocimiento del Bien y del Mal, llegó a ser un individuo dentro del reino humano, consciente de sí mismo, éticamente responsable de cada uno de sus pensamientos y actos. Si eso es cierto, de ahí en adelante nosotros hemos sido los formadores de nuestras personalidades y los constructores de nuestros destinos; y esa ley divina de sembrar y cosechar nos ha permitido crear las mismas circunstancias en que nos encontramos hoy, cualesquiera que sean sus cualidades.

Sin embargo es lamentable que nosotros los del Occidente hayamos sido condicionados a contemplar el funcionamiento de esta ley con temor: "si no vives rectamente, Dios te castigará; si cometes errores graves, no llegarás al Cielo." Es difícil de concebir a un Dios vigilando a cada individuo, listo a derribarlo si yerra; o si es recto, premiarlo con privilegios especialmente inventados. El hombre pudiera haber sido "creado temerosa y maravillosamente" pero esto no quiere decir que haya sido creado con temor. La creencia en la maldición dogmática que dice que somos nacidos en pecado ha tenido resultados trascendentales y devastadores. El hombre es creado maravillosamente, y con las cualidades potenciales más elevadas de su naturaleza, cualidades fundadas en una confianza divina y no en un temor divino. La Todo Poderosa Inteligencia que impregna cada átomo minúsculo de nuestro cosmos no podría haber permitido a su esencia manifestarse sin una completa confianza de que todo átomo, con el tiempo, llegaría a ser aquello de lo cual brotó. Limitar nuestros conceptos a una Deidad, que por una parte supervisaría personalmente el desenvolvimiento evolutivo completo, individuo por individuo, y por otro lado nos remitiría el "pecado" al nacer, es degradar la verdadera finalidad de la vida.

Hay muchísimo de verdad oculta en la alegoría de Ángel Caído. Esta alegoría, tan malamente interpretada en la versión ortodoxa, se cuenta entre muchos pueblos antiguos. Se simboliza en la tradición indostánica como el descenso de los Mānasaputras o "Hijos de la Mente," seres deiformes quienes encendieron el fuego en la mente humana, tal como en la mitología griega Prometeo trajo el "fuego" de los dioses a los hombres. Así, en la Biblia, la expulsión de Adán y Eva del Paraíso Terrenal significa el tránsito de la Humanidad de una fase evolutiva infantil a un estado de responsabilidad individual consciente.

Cuando nos damos cuenta de que desde aquel momento, en nuestro ciclo evolutivo, usted y yo hemos sido dueños de nuestro propio destino, concebimos un cuadro más amplio de lo que significa esta doctrina de Karma. Ello quiere decir que nosotros, siendo novicios en el uso de nuestro albedrío, cometemos muchísimos errores. Y cada vez que cometemos tales errores sentimos una reacción que procura guiar nuestro pensamiento en el sentido de no caer por segunda vez en los mismos. Todos aprendemos pronto las lecciones del plano material, pero nos cuesta mucho más tiempo aprender las lecciones de los planos moral y espiritual. Sin embargo, la ley de armonía que existe en la Naturaleza siempre tiende a restablecer el equilibrio, a veces de una manera violenta; mas es por este medio que poco a poco logramos el discernimiento.

Lo anterior, se reduce al simple hecho de que a través de las edades hemos acumulado una gran cantidad de consecuencias de actos anteriores, de manera que actualmente nos enfrentamos con un agregado de responsabilidades kármicas adquiridas en la antigüedad, de las cuales el principio inmortal dentro de nosotros ha seleccionado una cierta cantidad para esta vida. Esta cantidad no es ni demasiado pesada ni demasiado ligera, pues la perfecta justicia reina en todo el cosmos.

A veces se habla de buen karma y de mal karma, placentero o desagradable. Para mí no hay tal cosa como buen o mal karma, pues las consecuencias, los efectos de nuestros actos y pensamientos, son nada menos que oportunidades. Esta es la clave.

El Karma como oportunidad ofrece a todos las mismas posibilidades de desenvolverse. Ahora bien, yo no considero eso como una carga pesada que aguantar. Todo lo que tenemos que hacer es ajustar nuestras reacciones a nuestras circunstancias y hacer frente a ellas con la actitud correcta. Pero si locamente sentimos una reacción contraria a los llamados acontecimientos desagradables de la vida, prolongamos los efectos de causas erróneas más y más, hasta que despertamos y llegamos a la realización de que nos estamos rebelando contra nosotros mismos.

No importa cuántos sufrimientos encontremos en esta vida; nuestro karma nunca será más pesado del que podamos resistir. Señalad a un sujeto que lleva una carga kármica pesada, y habréis señalado a un alma fuerte. El hombre que sufre un verdadero tormento es un alma que ha merecido, por la fuerza de su anhelo interior, el derecho de poner a prueba su temple hasta el centro de sí mismo.

Pregunta — ¿Si supiéramos lo que hemos hecho en tiempos pasados, lo que ha traído nuestros problemas actuales, no nos sería más fácil entenderlos? Sé que soy responsable por cualquier cosa que viene a mí, tanto lo ameno como lo desagradable. Pero, ¿cómo puedo yo resolver todo este karma de una manera debida?

Comentario — Si la Naturaleza en su más alto sentido es armoniosa, benévola y justa, me parece que no nos pediría enfrentarnos con una responsabilidad sin proveernos antes de una clave o un indicio de guía; y especialmente esto sería cierto en el caso de alguien que aspirara conscientemente. La Naturaleza provee tal llave, aunque nos sea difícil encontrarla. Pero si aceptamos que no puede haber una causa sin su resultado o un resultado sin una causa, hemos de aceptar que nada sucede por casualidad. Cada situación que enfrentamos es un efecto de algo en que participamos o que hicimos o que provocamos en tiempos pasados y lo cual nos ha traído los efectos representados por las circunstancias en que ahora nos encontramos. ¿Necesitamos saber la causa exacta? No podemos saberla en detalle, pero sí podemos y debemos procurar percibir la *calidad* de experiencia que dio lugar a nuestra situación actual.

En esta etapa de nuestro desenvolvimiento, los que están tratando activamente de mejorar su carácter, de auto dirigir su propia evolución, empiezan a vislumbrar los primeros indicios de la intuición genuina. No estamos ni siquiera cerca del florecimiento de nuestro presente ciclo racial; pero al mismo tiempo se nos impulsa a manejar los primeros empujes de la semilla de la intuición en nuestra conciencia. Por consiguiente cuando alguien empieza a pensar en las doctrinas de Karma y de reencarnación se le obliga tarde o temprano a enfrentar inteligentemente su propio karma. Tal persona tendrá que aprender *cómo* debe enfrentarlo, cómo escuchar las súplicas de su ser inmortal, su intuición. Pues es el ser inmortal quien ha seleccionado el drama de esta encarnación en el cual él es el actor, y es este elemento superior el que se está esforzando, a través de las circunstancias de la vida, a guiarle para enfrentarse con la correcta actitud a las demandas de cada día.

Así, pues, en nuestros esfuerzos para llegar a una comprensión más amplia, empezamos a entender que podemos desarrollar la facultad de leer el registro kármico, nuestra vida. Cuando cooperamos con éste, pronto nos encontramos mejor capacitados para sondear las situaciones de acuerdo como se presentan y a tratarlas con mayor inteligencia. Podemos concebirlas como un Libro, el Libro de Actas como lo llama el Corán, en el cual se inscribe en su totalidad nuestra vida individual. Cada uno de nuestros días representa una página de los llamados méritos y deméritos kármicos la cual contendrá los avisos de la conciencia, tanto impulsivos como repulsivos, y aun las intuiciones que allí puedan ser utilizadas. Una vez que podamos leer, aunque sea un poco, en este registro diario de nuestras experiencias comprenderemos algo más: que hay una relación directa entre la calidad de un efecto y la calidad de la acción que lo originó. Esto no será captado, si no tenemos en mente que nuestra mayor tarea, a la larga, es desenvolver de lleno los valores divinos internos; así sabremos el proceso de transmutar el yo inferior mediante el Yo Superior que ha de ser acompañado por un esfuerzo continuo de perfeccionar la calidad de nuestra actitud en toda circunstancia.

Pregunta — Al tratar de mejorar nuestra actitud hacia nuestro propio karma, ¿no debemos también tomar en cuenta el karma de aquéllos que nos rodean? Pienso en particular en el karma familiar y en el nacional.

Comentario — Si creemos en la ejecución natural de esta ley, entonces aquéllos con quienes nos encontramos cada día, nos los presenta el Karma. En este proceso nosotros recibimos algo de ellos y éstos reciben algo de nosotros, como resultado de esas relaciones. Ninguno de los dos lados necesita estar consciente de tal intercambio. Ocurre tan simplemente como la respiración, y tal vez no haya más que un efecto infinitesimal; pero en su conjunto todas estas relaciones forman el balance kármico, la totalidad kármica de ese día. Cuando mantengamos la mejor actitud interior que nos sea posible, reteniendo la voluntad personal a nuestro servicio y dejando que la espiritual o intuición goce de la más amplia libertad que sea posible, entonces comenzaremos a reconocer lo que los demás han contribuido hacia la expansión de los elementos que están disponibles para nosotros en cualquier momento.

Pregunta — ¿Pero no es presuntuoso el asumir que deliberadamente nosotros pudiéramos tener un impacto en el karma de las naciones? ¿Hacemos muy bien, no es verdad, si podemos manejarlo inteligentemente en nuestras vidas personales?

Comentario — La mayoría de nosotros no puede hacer nada directamente con respecto al karma nacional o mundial. Sin embargo, formamos una parte de la humanidad y a medida de que reforcemos nuestro carácter, así también será beneficiada nuestra nación y el mundo en general. La clave fundamental es el deber: cumplimos mejor nuestro destino cuando llevamos a cabo los deberes que nos incumben directamente. Pudiera suceder que tanto usted como yo, por karma natural fuéramos miembros del Congreso o del Parlamento; en tal caso, tendríamos la oportunidad de contribuir más potente y directamente en nuestros respectivos países. Pero lo que más importa es dónde estamos hoy y qué hacemos al respecto; pues es la calidad de nuestros pensamientos y actos lo que determinará nuestra influencia en el porvenir.

¿No se da cuenta qué oportunidad más maravillosa tenemos? Nosotros, reaccionando de una manera creadora y con la voluntad de rectificar los errores del pasado, ineludiblemente imprimiremos en la conciencia de nuestros prójimos la calidad de nuestro esfuerzo y por lo tanto les daremos más valor. Sin miedo alguno, pero con perfecta confianza, podemos avanzar desde donde estamos, sabiendo que nuestros pensamientos y actos rectos tendrán con el tiempo sus debidos resultados. Así en cada momento aparece una oportunidad, una desafiante oportunidad de cumplir con nuestras responsabilidades predestinadas, no solamente para nosotros mismos sino para toda la humanidad.

El Padre Nuestro

Pregunta — ¿Si recibimos lo que merecemos y somos premiados o castigados por nuestros propios actos, entonces qué podemos esperar de las oraciones?

Comentario — Este es un tópico importante y tiene muchas ramificaciones. Mas antes de que podamos entrar en un análisis de la oración, sería prudente eliminar de nuestro conocimiento la idea de un Dios personal, antropomórfico, entronizado en el espacio, quien reparte el Bien o el Mal según sus gustos y caprichos o los nuestros; tal idea, creo yo, es falsa, niega la justicia y socava la fe, fe en una armonía fundamental de la ley universal.

En efecto, la esencia práctica de la oración, como la concibió el Maestro Jesús, está incluida en su súplica del Gólgota: "Hágase, no mi voluntad, sino la Tuya"; no mi deseo particular, sino la voluntad de la Divinidad. En otras palabras, que funcione la ley de justicia con sus efectos armonizantes y equilibradores, a fin de que causas iniciadas anteriormente se expíen en nuestras vidas.

Pregunta — ¿Si nosotros por nuestra propia voluntad buscamos ayuda especial en el presente y la obtenemos, aun sin merecerla, estaríamos extendiendo nuestro crédito y deberíamos de pagar con moneda equivalente, más tarde?

Comentario — Mientras que la oración intensa de tipo voluntario personal desviara temporalmente los efectos de causas específicas y en ese sentido podríamos decir que nuestro "crédito está extendido," podemos tener la plena certeza de que, a *su tiempo*, el completo efecto de cada causa nos alcanzará; y a menudo, con interés compuesto. No creamos, pues, que cantidad alguna de oraciones anulará la operación de la gran ley equilibradora. No hay tal cosa como "la remisión de pecados" como se le entiende usualmente. Ni la oración ni el "perdón" pueden alterar la inflexibilidad de la operación universal de la Naturaleza; y el efecto seguirá a la causa, por mucho que sea el tiempo que transcurriese entre el uno y la otra.

Pregunta — Probablemente todo el mundo ora de una manera u otra: y desde luego sabemos que lo hizo Jesús, por lo menos le atribuyen a él el Padre Nuestro. Ahora bien, hay párrafos de esa plegaria que no parecen tener sentido, pero yo he oído decir que se puede hallar en ella toda una filosofía de vida.

Comentario — El Padre Nuestro sí contiene toda una filosofía de vivir. Pero la oración, como se le practica en general, se ha apartado mucho de los mandamientos del Maestro Jesús y por cierto de los de todos los grandes maestros mundiales. Hoy día la oración asume una variedad de formas, de las cuales casi todas pueden clasificarse como egoístas. Aun en el mejor de los casos se concentran en las necesidades de uno mismo, más bien que en las de los demás; en el peor, no son nada más o menos que una explotación de herencia divina de sí mismo. Aquí yo me refiero a esas técnicas de orar que se están poniendo cada vez más en boga, por medio de las cuales se conseguirían una así llamada "potencia, riqueza, y vigor intelectual" mediante una concentración intensa en lo que *nosotros* queremos. Esta clase de oración está cargada de egoísmo concentrado, y por tanto es sumamente peligrosa al progreso espiritual del individuo que la practica.

Cuando se comprende enteramente, no hay ni una sola gota de egoísmo en el Padre Nuestro. Y sin embargo, ¿quién de nosotros realmente entiende lo que quiso decir el Maestro? Aprendemos esta oración desde niños; y en la edad adulta la oímos declamada con variedades de piedad; y está cantada en forma de himno por coros en todas partes del globo. ¿Pero cómo ha afectado a nuestro pensamiento diario?

Pregunta — Supongo que todos hemos pasado por varias etapas en nuestro concepto de la oración. Todos aprendimos las formas comunes de la oración en la iglesia y la escuela dominical; mas éstas nunca me impresionaron como algo práctico. Ni me parecieron ser lo que la oración debe efectuar, en el sentido de que la mayor parte de tales oraciones eran motivadas por la idea de que algo se hiciera para mí o por mí. Por alguna razón nunca sentí que tenía el derecho de pedir algo, habiendo tenido tanto en comparación con los demás. Yo más bien sentí deseos de dar gracias por lo que tenía en vez de pedir más, y así de algún modo costear, por decirlo así, mi estancia aquí. Nunca pude aceptar la idea de orar a cualquier ente, ni a cualquier Dios directamente, por la realización de cualquier propósito específico terrenal. Mas siempre he sentido que lo mismo que la

Naturaleza, en el campo de la física, maneja las cosas de acuerdo con su ley, así ha de ser con las cosas espirituales: recibirás en la medida exacta de lo que des. ¿Qué beneficio, pues, se recibe de la oración?

Pregunta — Yo tampoco nunca he sentido que tenía el derecho de pedir cosas. Orar, para mí, siempre ha significado simplemente *rogar*; y puesto que yo no tenía ningún Dios particular que pudiera reconocer o cualquier Ente antropomórfico a quién pedir privilegios, no podía descubrir a alguien en particular a quién agradecer.

Comentario — Yo sé exactamente qué quieren ustedes decir. Hay un mundo de distinción entre la idea de un Dios en alguna parte del espacio, fuera del ser humano, quien supuestamente es responsable directo de todo lo que nos ocurre después de habérsenos creado, y la idea de una Inteligencia Divina en el centro de cada cosa dentro del cosmos, desde el átomo hasta el Sol, hasta cada uno de nosotros. Si tenemos este último concepto, entonces es cuando al orar nos vemos pensando en el Padre Nuestro, no ya como un medio de lograr nuestras peticiones, sino más bien como una expresión en palabras de la más elevada aspiración que el hombre es capaz de sentir.

Padre Nuestro, que estás en los cielos, santificado sea Tu nombre. Aquí el Maestro se dirige al Padre dentro de nosotros quien no está totalmente encarnado en nosotros porque todavía no hemos progresado en la medida en que habríamos llegado a ser uno con Él. Teniendo en mente la división de San Pablo del hombre en cuerpo, alma y espíritu, podemos considerar al Padre dentro de cada uno de nosotros como un aspecto de esa Inteligencia Divina, quien es nuestra suprema aspiración de llegar a identificarnos con Ella. Hacer esto costará una eternidad, pero el hombre tiene esta potencialidad a causa de aquella chispa de Divinidad que se manifiesta en cada organismo viviente.

Venga a nos Tu reino. Aquí suplicamos que el reino del Padre, que mora en el Cielo o en regiones espirituales, y aun adentro de nosotros, venga a la existencia. Es decir, oramos o anhelamos por la capacidad de traer a la manifestación activa, aquí mismo, en la Tierra, ese aspecto Divino de nuestro ser, sin el cual no existiríamos.

Hágase Tu voluntad, así en el Cielo como en la Tierra. Que las obras de la Inteligencia Divina penetren en todos los rincones de la vida en esta Tierra, como se han dado expresión en el Cielo, siendo el Cielo lo relativamente ideal, tan bien como la potencial cualidad que nosotros desarrollaremos algún día.

El pan nuestro de cada día, dádnoslo hoy. Nótese, que en *este día*, nuestro pan *diario* no significa que estamos obligados a asegurar las necesidades de todo el futuro; ni significa "nuestro pan de cada día" solamente las necesidades físicas, tan importantes como ellas son. Dadnos *hoy* cuanto de fuerzas, perspicacia, y sabiduría sean requeridas no sólo para nosotros, sino para nuestra familia, vecinos, colectividad, tal vez nuestra nación, y toda la humanidad. Esas necesidades pueden recorrer la escala desde las más comunes hasta las más altas cualidades de carácter las cuales estamos en proceso de desenvolver y así hacerlas manejables por el Padre interno.

Y perdónanos nuestras deudas así como nosotros perdonamos a nuestros deudores. He aquí una de las más prácticas reglas de la disciplina esotérica, y sin embargo una de las más mal entendidas. Esta oración no pide al Padre que nos perdone nuestras transgresiones en el sentido de absolvernos de la responsabilidad de rectificarlas. No debemos orar por remisión ni pedir por cualidades de carácter que a nuestra vez no hemos expresado en nuestras relaciones con los demás. Lo mismo que no inculpemos a nuestros compañeros de sus errores; así pedimos al Padre interno, cuya compasión es más grande que la nuestra, no inculparnos los errores de juicio que hacemos en el esfuerzo de evolucionar. Opera aquí la antigua ley del equilibrio, de la armonía, la ley de Karma. *Según siembras, así cosecharás*; acción seguida por su reacción congruente que subsiste como una verdad hasta la eternidad. Lo mismo que el Karma forma una cara de la moneda, por decirlo así, la compasión o misericordia forma la otra cara de esta misma ley universal. Pero hemos de borrar de nuestros corazones todo rencor o resentimiento en cuanto a las injusticias perpetradas contra *nosotros* antes de "orar por clemencia" al Padre interno, respecto a las injusticias que perpetramos diariamente contra nuestro verdadero Yo.

Y no nos pongas en la tentación, mas líbranos del Mal. Entendido esto literalmente ésta es una declaración extraordinaria. Si esta oración está dirigida a Dios, supuestamente el padre de todo bien, ¡qué insulto pedirle no conducirnos a la tentación! ¿O es que hay una interpretación más inspiradora?" ¡Oh Padre dentro de mí, no me *alejes* de mis aflicciones y dificultades, para que haciéndoles frente pueda yo reconocer el mal tal como es y suprimir su poder de dominar!"

Pregunta — Esto me gusta más. Nunca pude entender por qué tengo que rogar al Padre no conducirnos a la tentación, y siempre me he preguntado por qué fue incluido esto en una oración supuestamente hecha por un Salvador.

Comentario — Usted no es el único en haberse devanado los sesos sobre esto. Probablemente cada persona ha buscado alguna interpretación que satisficiera su innato sentido ético. En efecto, hace algunos años un clérigo Episcopal insistió en que el Padre Nuestro fuera enmendado. Propuso que se modificara una frase para que se leyera: "Y no nos dejes sucumbir cuando seamos tentados," porque, como explicó, "ningún cristiano puede esperar estar eximido de la tentación," y por lo tanto, la oración debe pedir "fuerzas para resistir a la tentación."

Por cierto que esa actitud, más bien que la débil súplica de estar eximido de cada tentación despierta nuestra madurez. ¿Quién es el más fuerte, el más compasivo, el más sabio al fin y a la postre: el hombre que ha sido escudado contra todas las perturbaciones de la vida o aquél que habiendo sido puesto a prueba por las tentaciones las ha reconocido por lo que son y ha llevado la lucha hasta salir triunfante? Sin duda este último, porque en él se puede confiar; él ha fortalecido las fibras interiores de su alma.

Pues Tuyo es el reino, el poder, y la gloria, para siempre. Yo entiendo que algunas autoridades consideran esta frase como una añadidura posterior. Sea el caso como sea, podemos interpretarla de este modo: la Inteligencia Divina es el verdadero reino y el único poder verdadero, y cuando sus obras se manifiestan en la Tierra, en las vidas de cada uno de nosotros, entonces se le ve verdaderamente como una gloria para siempre y por siempre.

¿Entonces cómo podemos comparar el Padre Nuestro en relación con el Karma? Encontramos que la ley inviolable de causa y efecto en la Naturaleza funciona hacia un solo fin, la restauración del equilibrio y armonía. El hombre, por consiguiente tiene la responsabilidad de esforzarse conscientemente hacia esa meta. Haciendo esto, descubrimos que la oración llega a ser el desempeño del deber a la luz de nuestra responsabilidad cotidiana, hacia nuestro Ángel de la Guarda quien vela por cada aspecto de nuestra vida. Según el grado en que cooperemos con ese divino Inspirador pasaremos a ser una expresión, no de nuestra voluntad personal, sino de la voluntad del Padre dentro de nosotros mismos.

Más Allá de la Muerte: Nuevas Vidas

Pregunta — En nuestras discusiones se ha mencionado la idea del renacimiento o reencarnación. Al principio yo pensaba en esto como algo fantástico que después de morirme podría retornar nuevamente. Pero entre más lo considero mi mente trae toda clase de argumentos en su contra. Sin embargo, siento que hay algo importante en ella. ¿Cuándo y cómo comenzó esta idea de la reencarnación?

Comentario — Cuándo comenzó la reencarnación es algo que yo no puedo saber, lo mismo que no puedo saber cuándo empezaron los recorridos armoniosos y ordenados del Sol, la luna y las estrellas. Todo lo que yo podría decir es que el principio del flujo y reflujo parece ser una de las "vías eternas" de la Naturaleza, pues la ley de progresión cíclica es tan vieja como la Tierra. Estaba en vigencia cuando el sistema solar vino a la existencia; y además, muy lejos en el espacio y el tiempo, era una ley en nuestro universo original; con sus sistemas solares y galaxias, salió por primera vez de la obscuridad del Espacio. En nuestra Tierra sus expresiones son múltiples: día y noche, luz y sombra, actividad y reposo; todos estos modos distintos y particulares acontecimientos son el resultado del flujo y reflujo de la vida en movimiento. Todo en la Naturaleza está sujeto a esta única ley del renacimiento de la forma, de nacimiento y muerte, muerte y nacimiento, a fin de proveer nuevos vehículos para el espíritu encarnado. La reencarnación se refiere al renacimiento del alma aquí en la Tierra: una aplicación de la ley general de renovación o reencarnación.

Pregunta — Pero la idea de la reencarnación es nueva para muchos de nosotros. Por supuesto yo me acuerdo de mis días en la universidad, que Shelley, Wordworth y Tennyson y también Göethe, hablaron de otros mundos desde los cuales habían venido, y que ellos "habían estado aquí antes." Yo consideraba esto como una mera fantasía poética. Yo amaba la belleza de sus obras, mas nunca se me ocurrió que quisieran decir esto formal y literalmente. A medida de que tengo más edad, no estoy tan seguro. ¿Era conocida esta creencia en otras edades?

Comentario — Ya lo creo; si examinamos los escritos de Oriente, Asia Menor, Grecia y Persia, encontramos claros indicios de una creencia, en una u otra forma, de la idea del renacimiento. Una tradición sagrada afirma que usted y yo somos en realidad dioses en esencia, divinidades potenciales en actividad incesante, esforzándonos por descubrir nuestro sendero; y, en ese esfuerzo, conscientes de ello o no, como seres humanos, hemos estado pasando dentro y fuera de esta Tierra por edades innumerables, porque la ley básica de la Naturaleza es evolucionar en espiral ascendente: acción seguida por reacción, causa y efecto. Por lo tanto, la idea de renacer fue siempre relacionada con el concepto de justicia: que lo que un hombre siembra ahora tendrá que cosechar más tarde a medida de que la vuelta del ciclo de causa y efecto gire sobre sí mismo o en esta vida o en alguna existencia venidera. Sin embargo, permítame advertirle que hay muchas ideas erróneas con respecto a la reencarnación.

Por ejemplo, algunas de las creencias Orientales nos conducen a suponer que si uno viviese una vida perversa es posible que volviera a reencarnar en forma animal. Pero esto ocurre porque sus interpretaciones han llegado a ser, en ciertos aspectos, tan dogmáticas como las nuestras. Yo no creo que la doctrina *prístina* indostánica o budista enseñó la transmigración del *alma* humana en cuerpos de animales después de la muerte; aunque en sus textos se encuentren pasajes que parecen sostener este criterio. Mas esto se refiere meramente a la transmigración provisional de ciertos de los elementos inferiores del "hombre que existió," dentro de los cuerpos de los reinos menos evolucionados. Como queda dicho, esto no tiene nada que ver con el *alma* humana que reencarna.

Pregunta — ¿Usted quiere decir que no existe el riesgo de volver en forma de bestia, aun por error?

Comentario — En absoluto, pues sería categóricamente contrario a los procedimientos evolutivos de la Naturaleza, para un alma humana retroceder a un vehículo inferior al humano. Aquello *no* es reencarnación o reincorporación tal como lo han enseñado los sabios de todos los países y de todas las edades, es una creencia degenerada, falsa, en absoluto desacuerdo con la realidad.

La prístina y verdadera doctrina del renacimiento o reencarnación insiste en este sólo punto: "Quien ha sido un hombre, siempre lo será," hasta que llegue a ser aún algo superior. Pensad por un momento en la enorme injusticia que sería para el alma humana, si por algún hecho de magia negra, estuviera ésta forzada a encarnar en el cuerpo de un animal, sin ninguna vía de expresión para las cualidades divinas y humanas. ¡Simplemente trate de imaginarse a sí mismo, con su grado de conciencia e inteligencia, mirando una puesta de sol glorioso a través de los ojos de su perro favorito, y sienta lo que sería la tortura y agonía de la encarcelación de tal experiencia!

¡No! Una vez que nosotros con la ayuda de nuestra chispa divina hemos merecido la expresión *humana*, no retrocederemos; a no ser de que, y ésta es la única excepción, por hacer el mal intencionalmente por una serie de vidas, el alma rompa con premeditación su vínculo con el Padre dentro de sí mismo. En tal caso, su retroceso determinado por sí mismo, llega realmente a ser un alma "perdida," habiendo perdido su derecho de participar en la corriente evolutiva que avanza. Afortunadamente, tal "ruptura" del contacto divino es muy rara; si ocurre, entonces los elementos atómicos particulares antes regidos por el "alma perdida," a causa de estar tan impregnados con tendencias subhumanas, posiblemente encontrarán salida en formas de vidas inferiores a lo humano, en vehículos bestiales o aun vegetales. *Pero esto no es el destino del alma humana aspirante* que, eslabonado con su divinidad, se esfuerza por una expansión de su entendimiento y conocimiento en cada nuevo renacimiento en la Tierra.

Pregunta — Esto es verdaderamente un cuadro muy ilustrado. Pero ¿por qué no nos enseñan en la iglesia la idea de la reencarnación?

Comentario — Eso es una historia prolija, y yo no intentaría dar la explicación de por qué los primeros Padres de la Iglesia en su tratamiento de los textos de la Escritura Cristiana suprimieron o al menos excluyeron ciertas enseñanzas pertinentes que tocaban no sólo el concepto del renacimiento, sino también otras materias que abordaban la relación del alma con el entero sistema solar. Estas ideas habrían proporcionado una filosofía más extensa y más universal que la que ahora contiene el Credo. En efecto, la misma doctrina de la necesidad del alma de repetidas experiencias en la Tierra fue condenada públicamente en uno de los antiguos concilios de la Iglesia. Es decir, fue borrado formalmente del credo *exigido* entonces en la Iglesia Cristiana, un acontecimiento que marcó una de las etapas de la cristalización y por lo tanto el decaimiento del verdadero cristianismo. Pues el mensaje del Maestro Jesús no representaba más ya a los pueblos de su tiempo, *una búsqueda vital y creciente por la Verdad*, sino que se había fijado en un credo definido y arreglado; por consiguiente, el Credo de la Iglesia, en vez del guía interior del hombre mismo, pasó a ser su instructor. Sin embargo, aun en las Escrituras como son hoy día, se pueden hallar referencias a la idea del renacimiento. Usted tiene que excavar hondo en ellas, pues son indirectas más bien que directas; sin embargo, señalan la buena acogida de la idea del renacimiento por los pueblos del Asia Menor en aquel tiempo.

Pregunta — ¿Pero dónde en la Biblia podemos encontrar tales referencias?

Comentario — La primera que viene a la memoria está en el evangelio de *Mateo*, yo creo, cuando Jesús pregunta a sus discípulos— "¿Quiénes dicen que soy Yo el Hijo del Hombre?" y ellos respondieron: "Unos dicen que tú eres Juan el Bautista; algunos, que Elías; y otros, Jeremías o uno de los profetas." Ahora bien, ¿por qué haría Jesús a sus discípulos tal pregunta, si la idea del renacimiento no hubiese sido aceptada comúnmente?

Él no preguntó si el pueblo pensaba o no, que Él hubiera vivido antes, sino que dando eso por entendido, preguntaba sencillamente *quién* pensaban ellos que Él pudiera haber sido.

¿Y qué diremos de la historia del ciego en el *Evangelio de San Juan*? La conocemos todos, cuando Jesús pasó por el lado de un hombre ciego *desde su nacimiento* y sus discípulos le preguntaron: "Maestro, ¿quién pecó, este hombre que nació ciego, o sus padres,?" ¿Recuerdan la respuesta de Jesús?: "Ni ha pecado este hombre, ni sus padres; pero las obras de Dios se manifiestan en él." Notad otra vez que Jesús no se preocupaba en aclarar sobre si el hombre habría o no vivido antes. La pregunta de sus discípulos daba eso por supuesto, pues el hombre no pudo haber pecado en esta vida si era ciego de nacimiento; lo significativo aquí es que Jesús eleva el concepto entero de la acción y reacción, causa y efecto, desde una simple declaración de "ojo por ojo" a la perspectiva más amplia, más compasiva, de que el Karma no es punitivo, ni necesariamente una experiencia retribuyente, sino siempre *la oportunidad del alma para desarrollarse*. Así Él señalaba la ceguedad no como un castigo, sino como una avenida de experiencia por la cual "las obras de Dios [el dios interior de uno] se manifiestan," para que la Ley o la resolución del destino inherente del ciego, fuese cumplida.

Pregunta — Desde luego todos conocemos lo dicho por San Pablo que "no se puede burlar a Dios," y que cuanto sembremos tendremos un día que cosechar. Pero cómo se pueden conciliar las terribles injusticias de la vida con un Dios omnibenigno?

Comentario — Precisamente este es el punto más importante. No podemos conciliarlas, si restringimos las experiencias del alma a un corto espacio de setenta y más años; pues ¿cómo entonces podríamos cosechar los efectos de nuestra siembra? No, la idea del renacimiento es esencialmente una de esperanza, porque ella asegura la inevitabilidad y la justicia, a través del tiempo.

Pregunta — Yo quisiera hacer una pregunta que siempre me ha inquietado. ¿Cuando morimos, perdemos nuestra personalidad? Por ejemplo, ¿volveré yo a conocerme a mí mismo cuando retorne otra vez?

Comentario — Usted no tuvo dificultad en volver a conocer a su propia individualidad esta vez, ¿no es verdad? No, teniendo en cuenta usted como es, con todas sus virtudes y todas sus debilidades que le son tan conocidas a usted como es el aire que respira, porque usted a través de las edades ha evolucionado en compañía de sí mismo. Sin embargo, la personalidad no es el verdadero yo, sino que es nada menos que una careta que usted lleva; y esa careta ha cambiado miles y miles de veces según usted ha hecho sus distintos papeles en el largo drama de la experiencia. De modo que cuando morimos, perdemos toda asociación con la careta particular que acabamos de llevar; en otras palabras, perdemos nuestro cerebro y cuerpo físico que utilizamos en el papel de María Moreno o de José González. No obstante, el elemento reencarnador que utiliza a María Moreno o a José González en cualquier vida individual, retornará muchas veces, cada vez asumiendo una nueva personalidad, un nuevo cerebro y un cuerpo físico, fresco y revitalizado y cabalmente dado por el Karma, para desarrollar y aprender las lecciones de la nueva vida. ¿Por qué supone usted que fue dicho: "Vosotros sois el templo de Dios viviente," un Dios *viviente*, obrando en y por nuestras personalidades?

Pregunta — ¿Exactamente qué es lo que reencarna? ¿Es ello la divina chispa o el Dios viviente?

Comentario — La chispa divina en sí misma no reencarna, así como el Sol no deja su órbita obligatoria. Sin embargo, lo mismo que su calor y su luz penetran por todas las capas de la atmósfera entre el Sol y la Tierra, así es en el hombre. La chispa de la divinidad permanece trascendente en su propia órbita divina, pero su luz o esencia vital se difunde por todo nuestro ser, enfocando su fuerza mediante el alma espiritual para iluminar la parte mental más alta o sea lo verdaderamente humano, nuestro Yo Superior. Por tanto, es ese elemento permanente, inmortal en nosotros que perdura de vida en vida, reencarnando en una nueva personalidad con cada nacimiento en la Tierra. Pero la Divinidad per se tiene que tener intermediarios o "transformadores" para reducir su fuerza superior, y en consecuencia no reencarna directamente. Pero, el elemento reencarnador no podría existir o funcionar separadamente de su autor divino, así como un rayo del sol pudiera existir o funcionar separadamente de su Sol productor, del cual procede, para dar vida y sustancia, no sólo a la Tierra y todas sus criaturas, sino a todo el dominio del sistema solar.

Pregunta — Para la mayoría de nosotros la idea de realizar una relación estrecha con el Padre interno parece algo muy remoto. Si cosechamos lo que sembramos, y yo de mi parte siento que eso es verdad, entonces por inferencia nosotros habremos estado cosechando y sembrando a través de un tiempo muy largo. Esto en sí parece demasiado peso que soportar, que por miles de edades hayamos tenido que forcejear a solas, sembrando de campo en campo "en las mocedades," sin fuerzas ni conocimientos para guiarnos.

Comentario — Pero no ha sido a solas, y no estamos ahora a solas. Cuando la chispa divina dentro de cada uno de nosotros nos condujo fuera del Paraíso Terrenal, y nos dijo en esencia: Ustedes han recorrido una gran distancia hasta este punto; ahora pueden ganar el derecho de resolver sus destinos por sí mismos; esa divinidad no nos dejó solos. Se retiró profundamente dentro de nuestras almas, y allí continúa hasta hoy. Cada día de nuestras vidas está diciéndonos, a cada uno, si nos permitiéramos escucharla: Tú eres mi hijo pródigo. Sigue tu camino, por entre todo el dolor, el sufrimiento y la felicidad que tú haces para ti mismo; mas acuérdate que de ahora en adelante tú debes por tu libre albedrío recorrer los ciclos de experiencia. Entonces, cuando tú logres regresar a mí, estarás muy fuerte y enriquecido: en efecto, tú serás un dios al igual que yo.

No, esa chispa divina no nos ha desamparado, ni lo hará nunca; pues su propia naturaleza es la de irradiar su influencia hasta que nosotros no solamente reconozcamos su presencia, sino que resolvamos cooperar con ella y llegar a ser algún día igual a ella.

No, nunca hemos estado a solas, ni soportamos la entera carga del error del pasado en el curso de una sola vida; además, durante los miles de nuestras vidas ¿no hemos también sembrado flores bellas, no sólo cizañas, en el jardín de nuestra alma? No necesitamos nunca sentir que no podemos hacer frente a las presiones de nuestro mismo ser: "Dios ajusta el peso a los hombros"; esto no quiere decir que la Divina Inteligencia mida con un metro a cada uno de nosotros y nos cargue con tanto y no más para hoy, mañana y pasado mañana. No le es necesario, pues dentro de cada uno de nosotros está su representante particular, una chispa de esa divinidad multi-abarcante que es nuestro Yo inmortal, la cual al fin conoceremos perfectamente. De manera que en verdad es nuestro Padre quien funciona como nuestro protector, y nos permite manejar sólo aquella porción del Karma que nosotros con nuestras fuerzas actuales y nuestra falta de madurez podemos resistir.

Podemos animarnos con el conocimiento de que, cuando parece que nuestras dificultades son mayores que lo que es posible soportar, hay dentro de nosotros aquel amparo que nos asegura la fuerza y la sabiduría con qué hacer frente al desafío. El mismo hecho de que nosotros vivimos hoy en la Tierra es una prueba magnífica, de que no hemos perdido contacto con nuestro Dios interior; de lo contrario, no estaríamos aquí como almas humanas que aprenden y aspiran.

Herencia y Medio Ambiente

P<small>REGUNTA</small> — Según entiendo, la herencia y el medio ambiente son los dos elementos principales de la teoría de la evolución. Si la reencarnación es verdad, ¿cómo concuerda la herencia con ella? Sabemos que se conocen ciertas leyes que demuestran la herencia física y que también el medio ambiente desempeña su papel en el desarrollo de uno mismo. Por otra parte algunas veces nacen genios en familias iletradas, de modo que parece que las reglas no se aplican cuando se ha dejado el plano físico. Cuando se sondea el problema del alma humana, ¿es posible decir que el hombre hereda sus características mentales, emocionales o espirituales de sus padres?

Comentario — No hay que olvidar el otro factor en la evolución, el cual no se puede evadir: el resultado de los pensamientos y actos que hemos sembrado en vidas pasadas. Llegamos a la vida con mucho karma no inesperado, que tiene que buscar una salida en algún tiempo y en alguna parte, en esta Tierra o en un medio ambiente donde aquellas antiguas simientes de carácter puedan encontrar expresión.

Pregunta — Que la ley de causa y efecto gobierna la herencia física ha sido demostrado. Por ejemplo, si un conejo negro y uno blanco se aparean, los científicos pueden decir exactamente qué harán los genes y cromosomas en las diez generaciones siguientes. Y ahora buscan comprobar a través de los genes y cromosomas que uno también hereda las cualidades sicológicas y mentales de sus padres: en efecto, todas las capacidades que uno posee. ¿Pero seguramente este último punto es discutible?

Comentario — Normalmente la Naturaleza sigue una regla general: "Como es abajo, así es arriba; como es lo superior, así es lo inferior," como lo expresa la sentencia hermética. El que no sepamos cómo se aplican las reglas en los planos superiores, no indica necesariamente que esas reglas cambien *en principio*. Su aplicación en el plano físico puede significar una cosa y otra en el plano mental.

Regresemos un momento para examinar la herencia desde el punto de vista de más de una vida. Nace "A" de ciertos padres. En lo físico, él tendrá ciertas características que tienen también sus padres o su familia. Pero ¿por qué ha nacido "A" en esa familia y no en otra? ¿Por casualidad? No: "A" nace de los padres en el tiempo y lugar bajo las específicas circunstancias que entonces prevalecen, las cuales ensamblan exactamente con el karma del elemento reencarnante que busca un nacimiento. A mi juicio, es imposible que nazca un niño sin que haya una fuerte atracción o corriente, de amor o de odio, obligando a esa alma a venir hacia sus padres.

Se podría por consiguiente decir que "A" hereda de su propio pasado las mismas cualidades que sus padres parecen proveer por medio de los elementos físicos, los genes y cromosomas etc. Pero esto no explica el *porqué*, a menos de que se entienda el papel que desempeña el elemento reencarnante en su nacimiento a través de esos padres.

Las reglas no cambian en ninguna parte de la escala, de lo físico hacia arriba o viceversa; sólo parecen cambiar porque la ciencia puede catalogar sus observaciones en el plano material y llegar a ciertas deducciones de ello, mas no es competente para catalogar los aspectos sutiles de la mente y el alma.

Pregunta — ¿Quiere usted decir, entonces, que aunque uno puede escoger a sus padres los cuales le pueden dar lo que es semejante a sus propias características, en realidad uno se hereda a sí mimo?

Comentario — Sí, eso es exactamente lo que yo creo: cada uno hereda de sí mismo su propio pasado. Por consiguiente, seamos conscientes de ello o no, nosotros "escogimos" a nuestros padres a causa de la similitud de características o porque éstos son diametralmente lo contrario de lo que somos. Tanto el odio como el amor es magnético en su poder de atracción, y eso explica por qué algunas veces nace un niño de padres donde hay una fuerte antipatía entre el niño y uno o de ambos padres.

Pregunta — Como yo lo entiendo, nuestra alma, ¿es lo que nosotros hemos hecho de nosotros mismos en el pasado?

Comentario — Es una *porción* de lo que hemos hecho de nosotros mismos en el pasado.

Pregunta — Sí; ¿entonces cuando morimos podemos decir que nuestra alma entra en una especie de reposo, se retira dentro de sí misma tanto como una planta en una semilla? Estoy procurando relacionar el alma o parte mental nuestra, con el cuerpo físico que empieza en la vida como una semilla y tiene sus genes y cromosomas.

Comentario — Entiendo, y en eso tiene usted un punto de vista excelente. Me recuerda la historia de los Upanishads en que un viejo sabio está hablando a su discípulo acerca del espíritu interior. El sabio le pide que traiga una fruta de una higuera grande. "Ábrela, y dime lo que ves." "Sólo veo estas muy finas semillas" responde el joven. "Pues abre una de las semillas y dime lo que ves." "No veo nada," fue la respuesta. Entonces el sabio señaló que esta "nada" es "el Verdadero Yo," la imperceptible esencia que origina la fruta del árbol, y toda cosa manifestada venida a la existencia; y que todo lo demás, el cuerpo de la fruta, la cáscara, la pulpa etc., consisten meramente en las formas tomadas por el Yo.

Esto, creo yo, es la clave de una comprensión más amplia del misterioso y oculto sostén de la continuidad de la vida. Cada cual, como la higuera, es el resultado directo de la actividad de ese espíritu morador. Llámesele como se quiera, el Padre interior, el Ángel de la Guarda, la esencia monádica de la existencia o ese algo ignoto que da la norma aun a la molécula DNA*; es un hecho de que faltando este centro sutil de nuestro ser, nosotros flotaríamos a la deriva, sin identificación, sin continuidad, sin vida.

Pregunta — ¿En tal caso diría usted que el alma del higo o del hombre verdaderamente entra en una "nada" cuando muere, si entendemos por "nada" una etapa inmanifestada o durmiente? Si son los genes y cromosomas la expresión de la semilla del cuerpo físico, ¿puede ser que haya una semilla espiritual que se esté expresando como nuestra personalidad o ego

---

*(Ácido) desoxirribonucleico.

humano? Me parece a mí que ello ha de ser consistente a través de todo.

Comentario — Es consistente en principio, aunque no siempre podamos verlo efectuándose de tal manera. Después de quitar la pulpa y la cáscara y aun la semilla, ¿qué hay? Nada, una nada. Pero sabemos que hay *algo*, una "esencia sutil," como la llama el Upanishad; debe ser o no tendríamos la fruta, la higuera o el hombre. Pues, ¿qué es, entonces? Es el conocimiento, la conciencia o la esencia-simiente, si se quiere. Así es que cuando morimos, puede decirse que el alma de un ser humano vuelve otra vez a ser un conocimiento-semilla. Cierto es que no es de ninguna naturaleza material; no es posible de ninguna manera asociar la materia física con todo ello.

Pregunta — Usted dice ninguna "naturaleza material." ¿Quiere usted decir eso literalmente? Yo siempre he pensado que, si usted va lo suficientemente lejos, la materia entraría en el espíritu, y el espíritu en la materia; ¿ o es esto solamente una cosa relativa?

Comentario — Hablando otra vez en principio, materia y espíritu son uno, dos caras de la misma moneda, porque la materia reducida a sus elementos es espíritu, y el espíritu en manifestación es materia. Pero eso no quiere decir que no debemos diferenciar entre lo que es espiritual y lo que es material. Para volver al conocimiento-semilla, ya sea de una planta o de un hombre; cuando quiere manifestarse esa semilla adquiere materiales de varias gradaciones o niveles para que pueda expresarse. Pero en su "nada" o en su esencia-simiente ella es conciencia, espíritu, en varios grados de densidad. Por supuesto, no se puede decir que la conciencia es nada, pues la conciencia es la parte fundamental más vital y viviente; en realidad la esencia-simiente de la Divinidad, parece una nada sólo cuando se le juzga desde el punto de vista material. Pero no vayamos tan lejos del asunto.

Pregunta — ¿Dónde empieza la herencia paternal, y dónde salen y entran otros factores?

Pregunta — ¿Es posible relacionar esto con los aspectos mentales y emocionales? Hace poco tiempo se dijo que los padres proveen el vehículo físico. Ahora bien, supongamos que los padres tienen características emocionales o mentales que propenderían a dar lugar a un resultado determinado, digamos un genio o un idiota o a un carácter estable o a uno inestable. ¿Es posible decir que el niño escoge a sus padres, no solamente para un cuerpo físico, sino también para las capacidades emocionales, mentales y sicológicas que convienen a su karma?

Comentario — Hablando en general, usted tiene razón; pero hemos siempre de tener en cuenta que, en el género humano, los elementos de libre albedrío y el nivel más alto de conciencia funcionan por encima de la transmisión física de genes y cromosomas. Ni debemos perder de vista el hecho de que en cualquier existencia particular queda fuera de toda posibilidad enfrentar la totalidad de nuestras responsabilidades kármicas. Sólo podemos resolver una pequeña parte de ellas en el espacio normal de una vida.

Tiene poca importancia la raza o familia o pueblo en que nazca un niño. Cuando despierta de nuevo la sed por la vida en la conciencia del futuro niño, entonces empiezan los impulsos interiores a moverse, a despertar de su descanso, y a empujar al alma fuera de su mundo-paraíso hacia otra experiencia en la Tierra. La esencia-simiente, la consciencia espiritual y mental superior, atraen por medio del Karma a los elementos sicológicos y físicos que son necesarios para cumplir el tipo específico de la responsabilidad en la nueva vida.

HERENCIA Y MEDIO AMBIENTE

Pregunta — ¿En otras palabras, está el alma atraída a aquellos padres de los cuales puede heredar los rasgos necesarios, físicos, emocionales y mentales?

Comentario — No me gusta emplear la palabra herencia como se le emplea científicamente en la actualidad. Es demasiado restrictiva. Más bien digamos que el alma está atraída a aquellos padres que pueden funcionar o que funcionarán como el medio de proveer el vehículo y el medio ambiente. Ellos no *proveen* en realidad el vehículo, sino que son los medios por los cuales pueden manifestarse lo físico e incluso hasta los aspectos de lo mental superior y lo espiritual. La realidad es que *usted se "hereda" a sí mismo,* porque usted es el mismo ser desde el fondo de las largas edades anteriores de experiencia.

Consideremos el misterio de la unión de dos células infinitesimales en la concepción. Se emiten del padre miles de células; pero una, no más que una de las otras innumerables, se une con una célula de la madre, y empieza aquel proceso maravilloso de crecimiento embrionario. Los padres no forman el embrión; ni lo hacen crecer. El misterio del crecimiento ocurre porque el alma-esencia del futuro niño, la "nada" que hace un higo llegar a ser un higo, guía el crecimiento del feto desde la concepción hasta que hayan sido atraídos suficientemente estos átomos vitales que anteriormente, en edades pasadas fueron suyos. Ahora bien, esos átomos-vitales son de él; los padres no los proveen. Éstos son únicamente el medio a través del cual se atraen aquellos átomos-vitales hacia esa combinación de elementos que van a manifestarse como un ser humano al nacer en esta Tierra.

Pregunta — ¿Qué quiere usted decir por "átomos-vitales"?

Comentario — Exactamente lo que ese término significa, el principio *vital* o esencia vivificante dentro de las partículas atómicas que existen en cada plano.

Pregunta — ¿Qué diremos de la transmisión de características que obviamente son transmitidas de generación a generación?

Comentario — Todo lo que percibimos como herencia no es nada más ni menos que el proceso de un ego humano reincorporándose y trayendo a la existencia, en cualquier curso de la vida, a través del canal de padres simpatizantes con éste, algunas de sus características. Los diversos niños en una familia grande, por ejemplo, son cada uno distinto del otro; sin embargo, todos muestran cualidades comunes al linaje familiar. En otras palabras, el alma encarnante utiliza el karma familiar como su medio de expresión; pero los padres no crean a ese niño, ni física ni mental ni espiritualmente. Lo que ellos proveen es el escenario del medio ambiente. Cada uno de nosotros tiene una reserva grande de energía kármica que en una vida particular tomará tal senda y en otra vida otra senda. Puede ser que para usted o yo fuese menester en la próxima vida una clase de experiencia completamente distinta de la que enfrentamos ahora, para así equilibrar la pauta de la evolución que necesitamos para acercarnos más a la meta, siendo ésta para todos nosotros una cooperación consciente con nuestro Yo Superior.

Pudiéramos resumir y decir que la herencia como se le propone no es nada más que observaciones de una porción del modelo mayor de la vida, que cuando se clasifican por la ciencia se tomaron como leyes en sí, pero que realmente, cuando se les mira desde el punto de vista del individuo, son sólo una pequeña parte de la totalidad.

Hablar de la herencia como si fuera un cuadro completo es como mirar un paisaje magnífico por medio de una pequeña ranura. Aunque la participación de la faceta divina de nuestro ser es poco perceptible, sin embargo es la causa originadora;

siendo el ego humano el agente responsable en nuestra etapa actual de evolución. Naturalmente, los científicos se reconcentran en las características físicas que han catalogado con la mayor precisión; pero olvidan que no tendrían existencia alguna esas características físicas y aun mentales y emocionales, si no fuera por el espíritu interior. Es aquélla, la esencia-simiente, la que es responsable por el comienzo de la entera cadena de acción que trae un alma a la vida terrestre.

La vida no continúa sobre la nada o vacío. La vida existe en sí misma, así como la higuera existe por la esencia oculta dentro de su semilla. ¿Y quién puede decir que nosotros, los seres humanos, no seguimos un orden parecido: nacimiento del alma, desarrollo hasta la madurez, muerte, asimilación de nuestras experiencias, descanso y rejuvenecimiento, una sed de vida renovada y, a su tiempo, gestación y renacimiento?, para escoger una vez más la tarea de continuación en que participa toda la Naturaleza.

El Puente del Entendimiento

En la exposición de las doctrinas milenarias de la cosmología y las leyes del ser humano, hemos de acordarnos que ninguno de los guías mundiales pensó en fundar una grande y poderosa organización. Las enseñanzas que ellos dieron acababan de llegar de la fuente divina, y todo lo que proviene de esta fuente estimula todo desarrollo inegoísta. Ellos no ofrecieron una serie dictada de dogmas, sino una filosofía viviente para que el hombre sencillo practicara en los asuntos diarios de la vida. Fue sólo después de centenares de años cuando muchas de las claves fundamentales fueron ocultadas o perdidas. A pesar de esto podemos reconocer, si somos imparciales, que las claves de estas doctrinas universales están presentes, tanto en las Escrituras Cristianas como en todos los otros escritos sagrados. Mientras que la mayoría de los dogmas profesados en los templos y las iglesias son aceptados literalmente por sus devotos, encontramos que muchos individuos están buscando, tras las formas externas, el *grano* de la Verdad prístina.

Por consiguiente es importante proseguir inteligentemente un estudio de religiones comparadas, no meramente como un ejercicio intelectual, sino principalmente, para construir un puente de entendimiento entre los creyentes de todas las religiones. Se está poniendo hoy mucho empeño en varios países, en la cooperación económica y política y también un tanto hacia un reconocimiento de los fundamentos espirituales. Pero no tendremos nunca un puente sobre la laguna, salvo que reconozcamos que nuestro hermano, a pesar del color de su piel o la nación o continente en que nació, tiene tanto derecho a la Verdad como nosotros, y que su religión en el fondo es tan liberal y tan universal como la nuestra.

Nuestra viva simpatía ha de comenzar con el individuo: tratar de ayudarle a él a que se ayude a sí mismo. Todos hemos de perfeccionar el discernimiento para reconocer las cualidades que se están expresando mediante la conciencia de nuestro semejante. Si comprendemos el fundamento de su creencia, podemos hablarle en su propia lengua. Eso en sí, inmediatamente crea un puente de entendimiento entre su corazón y el nuestro. Con la comprensión viene la confianza, y una vez establecida esta mutua confianza, nacerá la fe. Y cuando llega ésta, se hace más fácil la solución de nuestros problemas más difíciles.

Esto no ocurrirá de la noche a la mañana. Puede ser que una persona reciba verdadera inspiración de los servicios de la iglesia, y otra no. Mas si asistimos o no a la iglesia, si somos cristianos, budistas o musulmanes, o los que hemos elaborado nuestra propia filosofía de la vida, es un hecho de que es posible encontrar la Verdad. En cuanto más investiguemos las religiones antiguas y pensemos en ellas, más ampliaremos nuestras conciencias y encontraremos las mismas verdades fundamentales, porque, como queda dicho, todas las verdades salieron de la única Causa, y cada una tiene su raíz esotérica tanto como exotérica en ésta.

Cuando hablamos de la iglesia, o de cualquier otro esfuerzo espiritual organizado, hemos de tener cuidado en diferenciar entre la institución y sus miembros. Cualesquiera que sean sus credos, la mayoría de las personas son honradas y sinceras; pero la sinceridad y la honradez por sí solas no hacen espiritual a una creencia. Es posible ser ciento por ciento dedicado y sincero en el corazón, mas sin embargo estar fuera del verdadero sendero. La Santa Inquisición en la historia de Europa es un testimonio de la dedicación y la honradez cristianas prostituídas hasta el fanatismo y la intriga.

¿Cuál es, pues, el denominador común en los temas espirituales? Ciertamente que no se halla en las formas externas, en los credos o dogmas que se han arraigado como crustáceos a las rocas en el pensamiento mundial. ¿No es una creencia en alguna forma de Dios, o Potencia Divina, la que es la causa principal de nuestro Cosmos y de todo lo que en éste vive? Ya sea que reverenciemos a Cristo, Buda o Alá, Brahmā, Vishnú o Śiva, Tao, Elohim o Jehová, instintivamente reconocemos a tal Deidad como nuestra fuente y origen y con la esperanza de que sea nuestra meta final.

Ahora bien, si podemos concebir la idea de la esencia de la Deidad, de la tremenda Divinidad que penetra no solamente este sistema solar, sino también todos los demás sistemas solares que dicen los astrónomos estar dentro de nuestra Vía Láctea, y dentro de todos las millones de Vías Lácteas, empezaremos a comprender lo que es este concepto de Dios, cuán indefinible, cuán ilimitado.

Dios, a ciencia cierta, mora dentro del corazón de cada uno. No es que seamos Dios, sino que dentro de lo más profundo del alma humana, que va mucho más allá del cuerpo físico, hay lo que podemos denominar una chispa de Dios, una chispa de esa Divinidad que dirige al cosmos. La finalidad entera de la evolución es la de desenvolver a esa chispa-Dios para que, en el debido proceso del tiempo y de la experiencia, haga efecto y transmute nuestra entera naturaleza. "El que busca encontrará, llama y se te abrirá." No hay individuo en la superficie del planeta que no pueda encontrar la solución al enigma de su vida si de veras la quiere tener. Ninguno puede hacerlo por otro. Cada paso real de progreso para la raza ha de empezar por cada uno de nosotros, desde el sitio en que estemos. No debemos esperar a que nos hayamos hecho perfectos; porque nunca es difícil saber en qué debemos mejorarnos y en dónde tenemos una oportunidad natural de ayudar a los demás. Pues cuando uno se vuelva hacia el interior para encontrar fuerza y dirección, los resultados serán verdaderamente beneficiosos.

Una vez que reconocemos que es distinto el concepto de Dios en cada ser humano, pero que la calidad de la Deidad es la misma y que la esencia Divina mora en el corazón de todo lo que vive, entonces hemos establecido el fundamento sobre qué construir un puente de fraternidad a través del cual el hombre puede pasar de la obscuridad de edades anteriores a la luz del futuro.

Las grandes religiones todas enseñan la prioridad de las riquezas espirituales sobre las materiales. Todas enseñan el valor del individuo y su capacidad para desenvolverse y acercarse a Dios. Todas concuerdan en el principio de unidad, la unión del cosmos y la unidad de la familia humana. Ha sido enseñado que todos los hombres pertenecen a esta unidad. Contribuir a la marcha hacia ella es una contribución personal que debe venir de cada uno de nosotros.
— EDWARD R. MURROW

La Regla de Oro

LAS ALMAS fuertes que nacen en estos días están atacando las barreras de la teología doctrinaria. Muchas de ellas se asociarán con el gran número de los que "no pertenecen a ninguna iglesia," quienes, mientras no se adhieran a cualquier régimen sectario, no pueden clasificarse como "ateos," sino como individuos que prefieren buscar a su Dios en la quietud de sus propias almas. Pues del corazón vienen las consecuencias de la vida, y cuando los hombres y las mujeres, en todas partes, procuran en serio penetrar en las raíces de los resultados espirituales, la calidad de su fe se distanciará de los modelos de "fe" de las religiones. A pesar de las diversidades, todos compartimos una herencia común, ejemplificada en la expresión universal de la Regla de Oro, una cortesía espiritual cuya guía menguaría mucho los males de nuestra civilización:

Indígena Americano:

Gran Espíritu, concede que no critique a mi vecino hasta que yo no haya caminado en sus mocasines, un kilómetro.

Budismo:

Cinco son las maneras en que un miembro del clan debe atender a sus amigos y familiares: generosidad, cortesía, benevolencia, tratarles como él se trata a sí mismo, y cumplir con su palabra.

Cristianismo:

Haced vosotros con los demás hombres todo lo que deseáis que ellos hagan con vosotros, porque ésta es la suma ley y los profetas.

Confucianismo:

"¿Hay una sola palabra," preguntó Tzu Kung, "que se pudiera adoptar como la regla de conducta de toda la vida?" El Maestro replicó: "¿No es la palabra Simpatía?" No hagas a otros lo que no quieras para ti mismo.

Filosofía Griega:

No hagas a otros lo que tú mismo no desees sufrir.
— Isócrates

Trata a tus amigos como quisieras que ellos te traten a ti mismo. — Aristóteles

Hinduísmo:

Uno no debe comportarse con los demás de una manera que sea desagradable a uno mismo. Esto es la esencia del deber (dharma). Todo lo demás es consecuencia del egoísmo.

Islam:

Ninguno entre ustedes es un creyente si no desea para su hermano lo que desee para sí mismo.

Judaísmo:

No odiarás a tu hermano en tu corazón: . . . mas amarás a tu vecino como a ti mismo.

Zoroastrismo:

La Naturaleza es buena sólo cuando no hace a otro lo que no es bueno para uno mismo.

Cuando un número suficiente de libre pensadores den expresión abierta a sus creencias íntimas, encontraremos que la fraternidad de pensamiento, ahora en proceso, proveerá un baluarte de fuerza espiritual que ninguna de las tempestades de diferencias nacionales prevalecerán, y así estará asegurada la emancipación del separatismo.

Las Tres Columnas
de la Tradición Antigua

Pregunta — Desde hace algunos años, las diferentes religiones mundiales están recibiendo más atención en los libros y periódicos populares; y sus doctrinas básicas son frecuentemente perfiladas en comparación con las Escrituras Cristianas. Sin embargo, esto lo encuentro un poco confuso. Es verdaderamente simple ver las similitudes en las éticas de las distintas religiones: la Regla de Oro, la Paternidad de Dios etc.; pero en toda esta oleada de creencias, rituales y leyendas, verdaderamente yo, ya no sé en qué creer.

Comentario — Sería posible reducir su pensamiento a esto: ¿Hay una piedra de toque por medio de la cual podemos comprobar la validez de toda creencia, cualquiera que sea su origen?

Pregunta — Sí. ¿Cómo podemos distinguir lo que es la Verdad, y lo que ésta no es?

Comentario — Este deseo de entender las raíces religiosas de otros es uno de los indicios más alentadores de este siglo; sin embargo, nuestro afán de adoptar cada concepto o ideología sólo porque es distinto al nuestro, plantea un verdadero peligro. En efecto, usted ha indicado exactamente la fuerza y la debilidad del interés actual que se despierta en las creencias de los demás, pues uno de los obstáculos más grandes del progreso consiste en la propensión de aceptar como autoridad a ésta o aquella persona, o a ésta o aquella presentación. Todavía no se ha pronunciado la palabra final, ni en la filosofía ni la religión, y de ninguna manera en la ciencia. Ni se podría decir más, porque no habría oportunidad para el progreso individual. No existe hoy una declaración definitiva sobre la Verdad. Pero esto no quiere decir que ésta no exista, ni que nosotros los seres humanos seamos incapaces de descubrirla.

¿Qué es la Verdad? Es como el horizonte que siempre nos elude, pero que siempre está delante de nosotros. Cuando queremos saber qué hay más allá del horizonte, nos dirigimos por la ruta que nos conduce hacia él. Pero cuando llegamos, el horizonte se ha alejado; y así siempre continuará. Así sucede con respecto a la Verdad: nosotros no llegaremos nunca al "ultimo horizonte," porque siempre habrá horizontes tras horizontes.

Desde que el hombre llegó a ser consciente de sí mismo, ha buscado a aquel Algo que le otorgaría una vislumbre más clara de la realidad. Ya sea que lo llamemos El Grial, la Piedra Filosofal, o el Vellocino de Oro; siempre este anhelo ha mantenido viviente su voluntad de investigar. Es por esto que han perdurado las grandes religiones, unas por miles de años, porque a pesar de las formas que han asumido, bajo de casi cada dogma y ritual está un filón de la Verdad. Mientras más nos acercamos a las raíces de las distintas religiones, más ciertamente percibimos sus elementos comunes.

LAS TRES COLUMNAS DE LA TRADICIÓN ANTIGUA

¿Por qué es esto así? Mientras más penetramos en sus orígenes, más simples y puras son las enseñanzas, y más parecidas son una a la otra. Entre más retrocedamos sondeando la prehistoria, más nos acercamos a ciertos principios espirituales los cuales han sido transmitidos a través de las edades como una tradición sagrada. Hay buenas razones para creer, por consiguiente, que en una época muy primitiva fueron implantadas en la conciencia de la humanidad infantil grandes Ideas, las cuales más tarde fueron diseminadas universalmente en todos los pueblos de la Tierra. Pero han sido tan tergiversadas las interpretaciones referentes a credos religiosos que es difícil descubrir la tradición antigua original. Sin embargo, cada gran religión ha sacado de ella ambas cosas: contenido e inspiración. Era también el fundamento de la docencia y disciplina de las Escuelas de Misterios de Grecia, del Asia Menor, Egipto y la India. Asimismo se le ha denominado la religión-sabiduría de la antigüedad.

Pregunta — ¿Para descubrir la unidad de todas estas religiones, no habríamos de emprender un tremendo esfuerzo de estudio e investigación?

Comentario — No necesariamente. Aunque los principios de esta tradición parezcan bastante recónditos y al borde de una filosofía elevada, sin embargo, cuando les analizamos descubrimos que están muy relacionados con nuestra experiencia diaria, y por consiguiente enteramente comprensibles.

¿Quién entre nosotros, por ejemplo, no ha reflexionado acerca del misterio de Dios, y cómo puede penetrar su influencia por todas partes simultáneamente? Cuando miramos hacia arriba a las estrellas y vemos la Vía Láctea con sus regiones negras y sus agrupaciones refulgentes, ¿no es éste el más grande de los misterios? Nuestros científicos, a medida de que descubren más y más universos parecidos al nuestro, están extendiendo el espacio a mayor distancia hacia el infinito. Entonces llega la pregunta inevitable: ¿Qué es el Espacio? Y la respuesta es: sin principio ni fin. Luego cuando consideramos lo que llaman los científicos las novae, así como las protoestrellas, describen a estrellas que al parecer desaparecen, y a la nueva materia estelar que está formando estrellas; al considerar esto, no podemos menos que comprender que existe un ritmo y un movimiento eterno en todas partes.

Dejadme ahora hacer una reseña simple de los tres postulados fundamentales presentados por H. P. Blavatsky en *La Doctrina Secreta*, y sobre los que descansa la theosophia o religión-sabiduría antigua. El primero es:

Que detrás de todo, el universo, hay un Incognoscible, el vasto abismo del Espacio, la Realidad. Imposible de describir; lo llamamos simplemente Infinidad, sin principio ni fin, porque no tiene atributos ni cualidades finitas. Se le ha dado varios nombres en un esfuerzo por describir lo Ilimitado; pero el ser humano no puede definir lo Indefinible. Los escritores del Viejo Testamento hablaron de ello como "sin forma y vacío," y como la "Obscuridad sobre la faz de las profundidades." Los budistas también lo llamaron el Vacío o Vacuidad, pues nada todavía había tomado forma. En los *Eddas* de Islandia, los antiguos bardos escandinavos lo llamaron la "Brecha Abierta" (Yawning Gap); mientras que en el *Zohar* los Cabalistas emplearon el término *Ein Soph*, que quiere decir "sin limites" o el "Ilimitado."

De esta aparente Nada, que no era una nada sino un todo en estado latente, vibrante con vitalidad expectante, la semilla-esencia de la Divinidad. Sigue el segundo postulado:

Que la moción, el ritmo, o el surgimiento periódico de un Universo de la Ilimitada Obscuridad hacia la Luz, es la acción de la Deidad mientras estalla en una manifestación; esta es una palabra que significa un período de actividad en contraste con el estado de pasividad en que había estado durante su período de reposo. Como dice una estrofa antigua: como el flujo y el reflujo de las mareas, universos innumerables llamados "chispas de la Eternidad" vienen y van, aparecen y desaparecen, con todo lo que en ellos está. Conocemos esta ley de periodicidad, pues se le ve en el ritmo de los ciclos de la Naturaleza, en la alternación del día y de la noche, del nacimiento y la muerte, el despertar y el dormir, la luna creciente y menguante, y el ciclo de las cuatro estaciones.

Pregunta — ¿Entonces estamos nosotros, como seres humanos, sujetos a esta ley de flujo y reflujo? ¿En dónde entra nuestro libre albedrío? Parece que tenemos que salir de la Obscuridad a la vida activa cuando nace un universo; y si esto es verdad, ¿cómo concuerda nuestro desenvolvimiento individual con este gran proceso?

Comentario — Afortunadamente todos estamos sujetos, por las leyes de la Naturaleza, en lo que respecta a nuestro desenvolvimiento y progreso en general. Siendo una parte del Todo, naturalmente tenemos que ajustarnos a la pauta de ese Todo; aunque es nuestra responsabilidad la manera en que entretejamos nuestro modelo individual con el modelo más grande. Pero antes de continuar dejadme reseñar brevemente el tercer postulado, porque toca los mismos puntos que usted acaba de mencionar.

Siguiendo el primero y el segundo postulado, de la Obscuridad sobre la faz de las profundidades, y el estallido a la Luz de universos por venir, el tercer postulado afirma "la identidad fundamental de todas las almas con el Alma Superior Universal," según los términos empleados por Emerson. Sencillamente esto quiere decir que cada aspecto de un universo, desde las galaxias hasta el hombre y a través de los reinos más bajos, es idéntico *en esencia* con Dios o la Inteligencia Divina Universal.

Pregunta — ¿Usted quiere decir que somos idénticos porque todos formamos parte en Dios?

Comentario — Idénticos en esencia sí, pero no en expresión, porque todos somos chispas divinas individuales de la Inteligencia Una. Pero hay más en este tercer postulado:

Cuando se manifiesta el universo fuera de su estado latente, fuera de la Obscuridad, éste y todas las semillas potenciales de vitalidad que hay dentro de aquél, sienten la fuerza impulsora para iniciar otro ciclo de desenvolvimiento. Por consiguiente, cada entidad, por la propia fuerza del impulso evolutivo, ha de pasar por cada fase de experiencia, incluyendo formas minerales, vegetales y animales hasta llegar al reino humano. De allí en adelante, estas chispas divinas por medio de sus propios esfuerzos tienen que desenvolver su divinidad esencial, para así con el tiempo, merecer el derecho de llegar a ser dioses verdaderamente conscientes de sí mismos.

Es un peregrinaje largo, a veces denominado el "Ciclo de la Necesidad," porque esto sugiere que el proceso completo de la evolución comprende la necesidad de crecer, de evolucionar, de beneficiarse de todo lo que la Naturaleza, en todos sus reinos, puede ofrecer. Como "chispas de la Eternidad" hemos tenido que enriquecer nuestro acopio de experiencias *sirviéndonos* de cuerpos minerales, vegetales y animales, pero sólo como medios temporales de expresión. Dios no *se convierte* en piedra o vegetal, pero un aspecto Divino *es* centro focal de cada piedra o vegetal o animal. Lo mismo que no podemos decir que nuestro Dios interior es un ser humano, puesto que sólo se sirve de nuestro vehículo humano como su modo actual de expresarse;

asimismo, no podemos decir que nosotros como *seres humanos* fuimos minerales, plantas vegetales o animales. Es de la mayor importancia hacer esta distinción.

Pregunta — Yo pude entenderle en su mayor parte, pero sería provechoso si usted pudiera hacer un resumen.

Comentario — Este cuadro en su totalidad es tan vasto y, aunque los principios son simples en sus elementos, sus ramificaciones pueden hacerse sumamente complejas. Permitidme repetirlo.

Primero, existe el gran Vacío, la Obscuridad sobre las profundidades, antes de la "creación" del Cielo y la Tierra, sólo la Infinidad, ilimitada, sin fronteras, el Espacio, El Incognoscible, sin atributos ni cualidades. Segundo, como la exhalación de un Gran Aliento, la Divinidad se mueve, el "espíritu de Dios" se mueve en la faz de las aguas, y un universo viene a la existencia. Tercero, todas las gradaciones de entidades vivientes dentro del campo circundado por un universo, de la estrella más lejana hasta el átomo más humilde, son expresiones particulares de la Deidad; y por consiguiente cada faceta de ese universo, llevando el sello de la Deidad, tiene entonces no sólo la oportunidad, sino el deber de llegar con el tiempo a ser conscientemente deiforme. De modo que cada chispa divina inicia su larga jornada evolutiva a través de todos los reinos de la Naturaleza, y al fin, como un dios desarrollado completamente, en compañía de su universo, termina su período de actividad y se sume en un período de reposo.

Pregunta — Eso es maravilloso. ¿Pero dónde entra Dios en este esquema?

Comentario — Esto depende de su concepto de Dios. Yo supongo que no hay dos que pensemos en Dios exactamente de la misma manera.

Pregunta — Yo no creo en Dios como una persona que posee poder totalitario, capaz de conceder cada deseo. Yo no sé qué pensar de Dios. Es tan difícil expresar estos temas, porque nos han enseñado sin cesar, desde la niñez, a concebir un Dios como un tipo de entidad, y por mucho que el concepto se ensanche, queda todavía más o menos como una persona. Me gusta la idea de que toda cosa es un aspecto de Dios, ¿pero puede usted situar a Dios en relación con todo lo que ha estado diciendo?

Comentario — No debemos forzarnos demasiado en tratar de arreglar sistemáticamente todas estas ideas en la mente; con Dios aquí, Espacio allí, y la materia allá. Esta cuestión de Dios varía tanto en las distintas religiones y filosofías que a veces es difícil trazar una relación entre uno y otro concepto de Dios.

Cada cosa está en Dios, y Dios está en cada cosa; sin embargo, Él no es ninguna cosa. En ninguna parte de las Escrituras Cristianas, si son interpretadas correctamente, encontramos que se mencione a Dios en un sentido limitado, personal. Las Escrituras hablan de Dioses, Elohim, pero no de Dios. Jamás denominaron los escritores del Viejo Testamento a Dios; mencionan alrededor de setenta y siete distintos nombres de Dios, los cuales reconocieron francamente como setenta y siete distintos atributos, pero nunca definían ellos lo que es Dios. Piensan alrededor del tema para sacar la fuerza espiritual de lo que concibieron ser Dios, pero jamás le denominaron. La verdad del asunto es que ellos no quisieron definirlo, porque sabían que nunca podrían aprisionar el espíritu del Ilimitado dentro de la frontera de un nombre.

Otros pueblos siguiendo otras líneas de desenvolvimiento han empleado una terminología distinta. El científico Sir James Jeans, en *El Misterioso Universo*, uno de sus libros más populares, concibió a Dios como un gran matemático, sugiriendo que toda manifestación era la gran expresión de un gran pensamiento.

Una de nuestras dificultades radica en la mala aplicación de nuestro patrimonio: aunque el *Génesis* dice específicamente que Dios, el Señor hizo al hombre a Su imagen, hemos invertido esto para asignar a Dios cualidades humanas, ¡solamente dándoles un tamaño más grande!

Huyamos de todos estos conceptos restrictivos, y consideremos a Dios como la Inteligencia Divina que es la raíz y el origen de todo lo que vive y se mueve. En el corazón de un árbol está Dios, pero Dios no es el árbol; en el centro de cada átomo minúsculo de los campos del espacio está Dios, pero Dios no es el átomo. Lo mismo con el hombre. Dios no es un ser humano, pero un ser humano no podría existir si no estuviese arraigado en Dios. Por consiguiente usted y yo, como "aspectos de Dios," porciones de esta Inteligencia Divina, somos verdaderamente parte de Dios, y un día comprenderemos esto de lleno.

Pregunta — ¿Cuál, pues, es la relación entre Dios y lo Incognoscible, o sea el primer postulado que usted también denominaba el Ilimitado?

Comentario — Cuando hablamos del Incognoscible, tenemos que procurar alcanzar con nuestra imaginación al Infinito, una imposibilidad, por supuesto; sin embargo es sólo al hacer esto cuando podemos aproximarnos a una comprensión de qué exactamente es lo Incognoscible. Ello es el Vacío, pero también es, como lo denominaron los antiguos griegos, el Pleroma, la "Plenitud" y eso literalmente, porque está preñada con las semillas de futuros universos.

Pregunta — Antes usted empleó la expresión "vibrante con vitalidad expectante." ¿Es eso lo que quiere decir ahora?

Comentario — Exactamente. ¿Cuál es la relación entre Dios y lo Incognoscible? Podríamos decir que el Ilimitado, el Incognoscible, es Dios en reposo (al menos desde *nuestro* punto de vista), mientras que en el momento cuando la actividad es concebida y la manifestación comienza, las antes durmientes chispas divinas se llenan de vida. Así, tan pronto como se siente el primer impulso de vitalidad, trillones de estas chispas divinas, como una gran exhalación del Aliento de la Divinidad, irrumpen del estado latente a la actividad, de la Obscuridad a la Luz. Después, todas las varias clases de estas chispas divinas empiezan su emigración evolucionaria, empujadas por la necesidad o Karma mientras pasan por los reinos de la Naturaleza. Una vez llegadas al reino humano, y adquirido el conocimiento de sí mismas, entonces, pausadamente, estas chispas divinas tienen que adelantar en la universidad de la vida y graduarse en ella como dioses.

Pregunta — ¡Parece que tenemos una larguísima jornada delante de nosotros aún antes de empezar a ser deiformes! ¿Cuánto tenemos de libre albedrío o es que estamos obligados a seguir este "Ciclo de la Necesidad?"

Comentario — Claro que tenemos el poder de escoger y la libertad de usar el albedrío, dentro de los amplios límites de la ley universal. Es verdad que ganaron su experiencia casi automáticamente las chispas divinas cuando usaron de cuerpos minerales y más tarde de plantas vegetales y animales, porque eran llevadas por el gran empuje de la corriente de vida hacia adelante. Sin embargo, una vez que se manifestaron en cuerpos humanos, otro factor apareció en el cuadro, el encendimiento de los fuegos de la Mente en la humanidad infantil. Esto es uno de los episodios más hermosos en la historia espiritual del hombre. Cualquiera que sea el nombre que queramos dar a esos

"Portadores de Luz," cada escritura mundial ha conservado un conocimiento de su función sagrada, aunque esto ha asumido una significación totalmente falsa como consecuencia de siglos de interpretación limitada y personalizada. Lejos de ser una serpiente del mal, el Ángel Caído o Lucifer fue en verdad un "Portador de Luz," un Prometeo, cuya osadía traía el ascua llameante de los dioses para que al contacto consciente con nuestra chispa divina durmiente trajese al hombre la consciencia de su naturaleza deiforme innata. Este es el verdadero sentido de la historia en el *Génesis*, donde se puede hallar presentada por completo.

Si no nos acordásemos de nada más, tengamos presente esta única gran idea: que aun el elemento más minúsculo es una expresión de la Inteligencia Divina, una diferenciación de la esencia del Incognoscible, y que a través de los largos ciclos de experiencia se dará a cada dios en esencia la oportunidad de regresar otra vez a su Progenitor, enriquecido por su morada en todos los reinos de la Naturaleza, tanto inferiores al humano como superiores a éste. En un sentido muy verdadero, ésta es la alegoría del Hijo Prodigo, quien, después de múltiples experiencias en las esferas materiales, al fin anhela por las cosas de su Progenitor. Volviendo en aquel tiempo a su Hogar, grande es el regocijo, pues una chispa divina más, ha superado la atracción de la materia y merecido la reunión consciente con su Divinidad perdurable.

Es un cuadro asombroso, y una vez que comprendemos estos tres postulados o fundamentos de la religión-sabiduría nos damos cuenta de que forman de veras una piedra de toque con qué someter a prueba los muchos conceptos antagónicos de los pueblos y sus creencias religiosas.

*De una discusión con
un Grupo Juvenil de una Iglesia* — I

Dios, la Voluntad de Dios, y la Predestinación

Pregunta — Hay tantos asuntos que nos gustaría discutir con usted, tales como Dios, el libre albedrío y la caída de Adán, que no sabemos por dónde empezar. Claro que podemos decir que todo es "la voluntad de Dios" y para algunos de nuestro grupo eso basta, tal vez porque tienen más confianza que yo. Pero me gustaría preguntarle, ¿cuál es su credo o creencia religiosa?

Comentario — Antes de que se diga algo más, permitidme aclarar una cosa: para mí, usted y yo, cada persona, andamos buscando la Verdad. No importa mucho si uno tiene veinte, cincuenta u ochenta años, todos buscamos sabiduría y comprensión a nuestra propia manera. Por consiguiente, nadie tiene el derecho de hablar con "autoridad absoluta" con respecto a la

Verdad ni de intentar dar la palabra final sobre las leyes de la Naturaleza.

Usted pregunta, ¿cuál es mi credo o creencia religiosa? Yo no tengo ni credo ni fórmula fija de religión ni dogma de creencia. Lo mismo que cada hoja de hierba es distinta, así todos los seres humanos presentan diferencias. Aunque los principios de la Verdad son inmutables, ha variado considerablemente la manera en que éstos han sido expresados por los distintos instructores mundiales. Esto no es solamente natural, sino esencial para el desenvolvimiento, pues una de las tendencias en la naturaleza humana más prevalecientes es la de cristalizar, de fijarse en una variedad ordenada de creencias y después concluir: "¡Ah!, Al fin tengo la Verdad. Ya no hay necesidad de inquietarme por la búsqueda de ella." Para mí esa actitud es uno de los más grandes obstáculos que hay para el progreso espiritual de alguien que anhela sinceramente ampliar su comprensión de la vida.

No me gusta de ninguna manera la palabra credo, porque denota generalmente un resumen autoritario de doctrina religiosa o una declaración formal de fe. Es exactamente a eso que yo me opongo, a pesar de cuán elevada sea la Verdad. Lo más importante, a mi parecer, no es la obtención de la Verdad (o de algún aspecto de ella, puesto que no podríamos nunca llegar a la Verdad per se), sino a la continua búsqueda de ella y los esfuerzos por alcanzar su comprensión, la cual sea siempre mayor y más amplia. Si yo tuviera que tener un credo, sería éste: la convicción absoluta de la necesidad de que el alma tenga una vía de investigación *libre* dentro de su propia esfera de conciencia.

Pregunta — Pero usted ha de creer en algo. Por ejemplo, ¿cree usted en Jesús?

Comentario — Pues claro que yo creo en Jesús, aunque no

necesariamente de la misma manera que usted. Yo creo que Jesús era una encarnación de una fuerza Divina, Dios, si usted quiere. Pero también creo que Jesús no fue único en esto, porque cada hombre en potencia es un "hijo de Dios," una encarnación de su propia divinidad interna. ¿No dijo Jesús que lo que él hizo podríamos nosotros hacer también, y cosas aún más grandes? ¿Qué quería él decir con estas palabras, sino recordarnos que nosotros también somos "templos del Altísimo?" Aquéllas no fueron palabras solamente de consuelo; en ellas él dejaba un mensaje de inmensa esperanza y confianza en el destino espiritual del hombre.

Pregunta — Usted parece creer en Dios, ¿pero nos diría usted exactamente qué piensa de Él?

Comentario — ¿Creo yo en Dios? Todo depende de lo que entiende usted por Dios. Si usted quiere preguntar si creo yo en un Dios personal, una Deidad fuera del hombre, entonces tendré yo que decir que mi creencia en Dios va mucho más allá del criterio usual ortodoxo. Para mí, ha llegado Dios a ser esa Inteligencia Divina que es el fondo y el primer plano de toda la creación. En otras palabras, a mi juicio, no podría existir nada salvo que fuese una parte de Dios, una expresión de esa fuerza divina. Empleando nuestra terminología cristiana, esto es lo que a mi parecer es la Verdad:

Primero, que las Aguas del Espacio en el *Génesis* no sólo son ilimitadas e infinitas, sino que son la Fuente de todos los seres vivientes; segundo, que cuando Dios o Elohim infundió en las Aguas del Espacio, el Vacío llegó a ser una Plenitud, y Dios irrumpió con su Luz, desde la Obscuridad, a la faz de las profundidades; así vino a la existencia un universo con su multitud de formas vivientes. Y tercero, porque los Elohim (haciendo uso del término hebreo para Dioses en plural, no Dios en singular) impregnaron a cada átomo del Espacio con la esencia divina; toda faceta del universo ha de ser una expresión de Dios, por muy infinitesimal que sea; lo cual quiere decir, además, que cada ser viviente en los Cielos y en la Tierra tiene la oportunidad de llegar a ser conscientemente como Dios. Es obvio que no se logra tal fusión consciente con Dios en un día, sino que dura largas edades a través del tiempo y el espacio hasta que cada aspecto de Dios haya tenido la oportunidad de expresarse en todos los reinos. Entonces, cuando llega el Gran Día, todo lo que fue emanado de la Obscuridad del Vacío será una vez más absorbido en el seno de Dios para su período de reposo.

Pregunta — Cuando usted lo describe así, todo se ve tan grande, tan imponente. Ello casi me espanta, pues, porque si uno se deja llevar por ese sentido, es difícil regresar al punto de vista ortodoxo. Usted lo ha presentado muy claro, aunque su escuela de pensamiento no pretende reemplazar nada de lo que se nos ha enseñado.

Comentario — Me alegro que usted se haya expresado exactamente como lo hizo, porque la intención no es de reemplazar las creencias de cualquiera; más bien es de procurar ayudar al individuo a interpretar su propia creencia de una manera más amplia y rica. Al único "dogma" a que yo me adhiero es al que no se debe dogmatizar el pensamiento. La Verdad es accesible a toda persona, pero el sendero hacia ella es algo estrictamente individual. No debemos aceptar nada como verdad a menos de que no se nos confirme en nuestro interior. Es posible que mañana cualesquiera de nosotros veamos las cosas muy diferentes, que tengamos una comprensión más grande de la que tenemos hoy. Entonces la creencia de ahora parecerá limitada. Así sucede con el desarrollo en cada plano de experiencia.

Pregunta — Me gusta eso, pues la única cosa que yo no

DIOS, LA VOLUNTAD DE DIOS, Y LA PREDESTINACIÓN

puedo soportar es oir a alguien decir: "Por lo tanto, las cosas son así y no hay más qué decir." No creo que nadie tenga el derecho de hablar de tal manera. Así que he estado trabajando penosamente a lo largo del camino, tratando de aprender lo que podía; un poco aquí y un poco allá. Yo me imagino que cada persona puede tener su propio género de la Verdad. ¿Es posible que ciertas ideas de nuestra creencia cristiana sean similares a las de otras?

Comentario — No sólo es esto posible, sino que usted está absolutamente en lo correcto; y a medida de que estudie las grandes religiones y filosofías del mundo, tanto del Oriente como del Occidente, descubrirá que todas brotan de una sola fuente. Las Escrituras Cristianas incluyen muchas de las mismas doctrinas que enseñan el budismo y el hinduismo, aunque expresadas distintamente; así también se pueden encontrar trazas en los Evangelios de influencias griegas y hebreas. Postulan todas un origen divino, ya sea que se le llame Jehová, Brahmā, o Alá; la encarnación especial de Dios o Deidad por medio del Cristo es exactamente análoga a los Avatares del hinduismo; y, como sabemos, la Regla de Oro del comportamiento moral y espiritual es universalmente reconocida. Sin embargo, lo mismo ocurrió con nuestra creencia cristiana, en donde hemos incluido mucho dogmatismo, y no es siempre fácil comprender estas deformaciones.

Por medio de una comparación de las literaturas, mitos y tradiciones de otros países, descubrimos que la historia de la Creación del *Génesis*, por ejemplo, es solamente un aspecto de un cuento universal, preservado sagradamente en una forma u otra por cada pueblo en el mundo entero, tanto civilizado como primitivo. Aun cuando los descubrimientos científicos y arqueológicos han establecido fuera de cualquier duda que nuestra

Tierra tiene millones de años y no unos simples 6.000 años; estos cuentos de la Creación no son pura fantasía ni imaginación aniñada. ¡Pero cómo explicar la creación del Cielo y la Tierra en seis días, Dios reposando en el séptimo! Interpretado literalmente, es absurdo; pero nunca fue esa la intención. Los Días de la Creación, ya sean de la Biblia cristiana o de los Purānas indostánicos, de las leyendas de los Indígenas Americanos o de los de Persia, tienen por objeto simbolizar Días de manifestación o actividad, seguidas por Noches de descanso o reposo, siendo cada uno de estos Días un ciclo de vida de experiencia terrestre, que transcurre desde un período de unos miles de años hasta uno de cientos de miles de años.

Todo esto nos lleva a la conclusión de que el hombre en sí, también ha de ser muy, muy antiguo. ¡En efecto, unas escrituras aseveran que por lo menos han transcurrido dieciocho millones de años desde que el hombre llegó a ser una entidad consciente! Cualquiera que sea su edad, o millones o unos pocos miles de años, quedan como una realidad los esfuerzos infatigables de todos los grandes reformadores espirituales de todas las edades para ayudarnos a entender el cuadro más extenso de la divina potencialidad del hombre.

Pregunta — Si cada uno de nosotros, como dijo usted, es una "encarnación de Dios," al menos en cierto grado; y si todos llegamos a la existencia cuando Dios respiró sobre las Aguas, ¿no tenemos que pasar por toda clase de experiencias antes de que podamos unirnos a Dios otra vez? ¿Pero qué sucede entre el primero y el ultimo paso? ¿De qué manera se realiza esto desde el principio hasta el final?

Comentario — Que yo sepa, hay un solo proceso, un solo *modus operandi* de hacerse semejante al dios interior, y ello es por medio de las experiencias repetidas hasta que aprendamos

DIOS, LA VOLUNTAD DE DIOS, Y LA PREDESTINACIÓN

por completo las lecciones que tiene para nosotros nuestro Planeta.

Pregunta — ¿Se refiere Vd. a la reencarnación? Yo fui criado en una familia muy ortodoxa, y me es difícil aceptar esta idea. Sin embargo, no la puedo rechazar completamente; de modo que yo quisiera que usted dijera más con respecto a ella.

Comentario — No hay necesidad alguna de creer en la reencarnación. Por otra parte, no hay necesidad de temer a una idea nueva. Pues yo diré esto: el concepto del renacimiento es muy antiguo y puede reconocerse en cada religión, inclusive la cristiana, a pesar de que se afanaron durante los primeros siglos del cristianismo por suprimirla como una de las doctrinas cardinales de la Iglesia.

A propósito de nuestra conversación, supongamos que el alma necesitase más tiempo que los setenta y pico de años que por lo general le asignan. ¿Cómo procuraría tener más, si la muerte termina todo? Yo creo que fácilmente concederemos que no podemos cumplir la décima parte de nuestras esperanzas más profundas en un período tan corto. Pues bien, supongamos que Dios, en su sabiduría divina, nos proporciona otra ocasión, otra oportunidad para nuestro desarrollo. ¿Sería razonable experimentarla en cualquier otro sitio que aquí en la Tierra donde ya nos habíamos acostumbrado en algún grado al Planeta y sus leyes? Hay otro punto de igual importancia: ¿no hemos ya puesto en marcha varias causas y, si es así, creemos realmente que podemos cosechar las consecuencias de todos nuestros pensamientos y actos antes de morirnos?

Pregunta — Yo siempre he pensado que las cosas suceden de una manera determinada, que nada ocurre por casualidad. Pero he sentido también que el hombre posee un libre albedrío. Supongo que después de todo soy un fatalista; mas con todo, yo quisiera creer que tenemos alguna libertad de escoger también.

Comentario — Yo no creo que de veras usted sea un fatalista; pero permítame tratar de expresar de nuevo el asunto como yo lo veo, sin ir muy lejos del camino. Si creemos que la ley de causa y efecto opera no solamente en lo físico, sino también en nuestras relaciones morales y espirituales, y que lo que sembramos en el campo de nuestra alma tendremos que cosechar en alguna parte, en algún tiempo; después vemos que nada puede "suceder por casualidad," o en oposición a las leyes de la Naturaleza. Sin embargo, esta ley de armonía está tan delicadamente equilibrada que en cada individuo se manifiesta de una manera diferente, exactamente de acuerdo con los antecedentes de su propia alma.

Pregunta — ¿Qué quiere decir "antecedentes de su propia alma?" ¿Es el alma idéntica al espíritu?

Comentario — Quizás yo antes de continuar debo comentar brevemente sobre este punto tocante al alma. Todos conocen la división de San Pablo del hombre en tres aspectos: cuerpo, alma y espíritu. Pues bien, es difícil para algunos entender que no son el alma y el espíritu idénticos; pues no lo son. Usted y yo somos almas humanas, adquiriendo experiencia aquí en cuerpos físicos, pero es el espíritu que mora dentro de nosotros el que nos dirige o insta a entrar en esta experiencia. Estoy seguro de que nadie entre ustedes cree que su cuerpo es usted en sí mismo; o que aun sus emociones o su cerebro o su alma son todo lo que hay de sí mismo. ¿Qué motiva sus anhelos, sus sentimientos más profundos, si no es esa chispa divina suya, esa esencia de Dios que es la raíz de todo organismo viviente? Así, pues, pensemos entonces en la parte permanente de nosotros como el

DIOS, LA VOLUNTAD DE DIOS, Y LA PREDESTINACIÓN

espíritu, incitando a la acción al alma humana, la cual otra vez toma un cuerpo físico como su templo aquí en la Tierra.

Por lo tanto, ese elemento permanente en nosotros ha procurado guiarnos a las situaciones de la vida en donde nos sea posible aprender algo más. Sin embargo, puesto que cada uno de nosotros es una faceta de la Inteligencia Divina, teniendo nuestra propia porción de libre albedrío, depende de nosotros emplear el derecho a escoger: de escoger cuál camino seguir, cuáles pensamientos entretener, cuáles acciones ejecutar. Así usted puede ver que el alma está situada en un campo de batalla entre espíritu y cuerpo, entre el anhelo hacia Dios, por una parte, y el querer material por otra. El nuestro es un cuerpo animal, altamente desarrollado, aunque se deriva del lado material de la Naturaleza. Nuestra alma se carga de fuerza de lo alto, del dios en el hombre, pero es también susceptible a la atracción de nuestra naturaleza física. Aquí es donde tenemos la libertad de escoger y también la de aprender.

Pregunta — Yo no veo cómo podemos evadir la idea del fatalismo o predestinación. ¿No tiene Dios una voluntad para nuestras vidas? Y cuando no la seguimos, entonces no estamos dentro de su voluntad y tenemos que buscarla, ¿no es verdad?

Comentario — En un sentido, y uno muy verdadero, todos estamos sujetos a la voluntad de Dios, toda vez que pensemos en Dios como aquella porción de la Deidad que está en el corazón de cada uno de nosotros. Esto quiere decir que dentro de nosotros está la fuerza y el poder de la voluntad de Dios que con el tiempo se puede manifestar. Pero, y esto es el punto importante, ella se manifestará diferentemente en cada individuo, porque es la voluntad de nuestro *propio* dios interior cuya fuerza divina está tocando y atrayendo a nuestra alma. En ese sentido se pudiera decir con justicia que un hombre está "predestinado" por su propio dios interior a entrar en la vida y experimentar la pena y el placer de la existencia terrestre.

Pero no confundamos esto con el viejo dogma que afirma que está preordenado el hombre antes de nacer, a sufrir castigo o merecer premio de acuerdo con el capricho de una Deidad extracósmica. Ningún hombre está predestinado o preordenado por cualquier Dios que no sea el de sí mismo. Ni estaría predestinado por nada excepto por la fuerza de sus propias experiencias, las energías acumuladas por sí mismo en la parte permanente de su ser. En otras palabras, el hombre entra en la vida "preordenado" por sí mismo, y sólo por sí mismo, a desenvolver y desarrollar lo que él ha acumulado en su propia vida del alma; también acumulada allí está su propia característica particular de libre albedrío, que él puede emplear para hacer lo que elija. Estamos prontos a ser fatalistas porque por siglos hemos tendido a mirar la vida y a las circunstancias alrededor de nosotros, por medio de la estrecha perspectiva de una sola vida. Pero una vez que el hombre despierta la comprensión consciente de su naturaleza humana, en su plenitud y de su responsabilidad, entonces el fatalismo ya no figura en el cuadro.

¿Es posible que cualquiera de ustedes pueda creer que fueron "nacidos en el pecado," literalmente, y que están preordenados a errar a menos que Dios no quiera que ustedes sigan el Bien? Si nos acercamos a la cuestión solamente desde el punto de vista del cuerpo, podríamos decir que el hombre ha "nacido en el pecado;" si por esto queremos decir, nacido en la materia, en un cuerpo material animal. Pero el hombre no es su cuerpo. El alma es libre, tan cerca de la libertad como está a su propia deidad innata. Ese es el gran desafío: el hombre tiene dentro de sí la potencia, por medio de su libre albedrío para llegar a ser el auxiliador voluntario de su propio dios interno.

De una discusión con
un Grupo Juvenil de una Iglesia — II

El Bien y el Mal

P<small>REGUNTA</small> — Todavía no estoy satisfecho con respecto a la cuestión de la voluntad de Dios y la predeterminación. ¿Hasta dónde llega la libertad que se me permite o es que estoy sujeto absolutamente a la voluntad de Dios?

Comentario — En el sentido fundamental, toda entidad en el espacio está dentro del dominio de la voluntad divina, bajo el impulso de las energías divinas que fluyen por y penetran en el universo. Nosotros no somos los muñecos de algún Dios personal todopoderoso, sino agentes con libre albedrío, por muy inconscientes que estemos aun de nuestra potencialidad innata. Sin embargo, mientras cada uno tenga un destino único, ningún hombre es una isla aparte y distinto de todos los demás, sino que es parte de un gran continente de experiencia y desarrollo que abarca a toda la humanidad.

Mas cuán lejos se le permitirá apartarse del camino, exactamente cuán amplio es el trecho de la desviación, eso no lo puedo decir. Nadie puede. La única persona que puede responder a eso es usted mismo. Todos nos equivocamos muchas veces, pero esto no es el elemento decisivo. Es el motivo de nuestras vidas lo que cuenta, la calidad de aspiración que gobierna el conjunto de nuestros pensamientos y actos. No obstante, jugamos con fuego en el momento en que tratamos de averiguar exactamente cuánto nos podemos equivocar y "salirnos con la nuestra."

Pregunta — No quise decirlo de esa manera. Pero esto es lo que tenía en mente. Ayer muchos de nosotros estuvimos en Los Ángeles para asistir a un partido de béisbol, y tuvimos que esperar un largo rato antes de tomar el autobús hacia casa. Como usted sabe, el distrito de moteles y cantinas baratas no está lejos de la terminal de autobuses; allí se ve todo tipo de gente, y uno no puede menos que preguntarse cómo han llegado algunos seres a condiciones tan bajas. Entonces uno piensa, dentro de sí mismo: "A no ser por la gracia de Dios, allí estaría yo." Siempre he sentido que a nadie se le permitiría desviarse tanto de la conducta recta, aun teniendo su libre albedrío, porque me imagino que habría algo que predeterminaría nuestra desviación hasta cierto punto y nada más. Pero allí, aparentemente no había nada que refrenase a *esa* gente. Es ahí donde es difícil discernir la línea que separa el fatalismo del libre albedrío. Entonces mi pregunta es: ¿cuán lejos puede uno desviarse sin que algún freno le detenga?

Comentario — Cualquier persona puede desviarse completamente del camino, si eso es lo que más desea hacer. Afortunadamente hay en general mucha interferencia dondequiera a lo largo del camino, normalmente desde el interior. No sólo tenemos nuestra conciencia, algo que es muy vivo, una vez que empezamos a obedecerle, sino que también tenemos la continua presencia de nuestro Ángel Guardián, el cual nos protege más a menudo de lo que nos imaginamos. ¿A qué distancia podemos alejarnos antes de que algún freno nos detenga? Hasta que nos lo permita nuestra conciencia. Sabemos perfectamente bien cuando nos oponemos a la advertencia de la voz interna, la cual nunca nos dirá lo que debemos hacer, pero que siempre está lista a causarnos "remordimientos" cuando pensamos en hacer algo que representaría para nosotros, una desviación de nuestro verdadero sendero.

Pregunta — ¿Entonces llamaría usted a la conciencia un instrumento de la voluntad de Dios?

Comentario — Se podría decir que la conciencia es un instrumento o útil de trabajo del dios interior; pues si la voz de la conciencia se originó a través de largas edades de pruebas y errores y está vinculada estrechamente con el esfuerzo incansable de nuestra parte divina que nos pone en línea recta con su voluntad divina. Además, estamos tan cerca de nuestro Ángel de la Guarda como de nuestra propia piel; pero esta relación tiene dos direcciones. A menos que merezcamos esa protección, no la recibiremos. "A Dios no se le engaña: pues lo que el hombre siembre, eso recogerá." Es esta misma cosecha de tristeza y dolor, de privación y soledad, que es el más seguro freno contra el nuestro ir demasiado cuesta abajo. Pero cuando una persona elige con premeditación el sofocar los remordimientos de la conciencia, tendrá que aprender de una manera dura y a veces cruel.

Por lo tanto no condenemos a otros tan prontamente. Si no fuese por los auxilios recibidos en el sendero o por otros elementos no visibles fácilmente, cualquiera pudiera hallarse dirigido hacia el distrito de los barrios bajos; pues no hay frenos contra la corrupción premeditada del hombre de calidad divina, de libre albedrío, con la excepción de los que él mismo se pone. La mayoría de los individuos, sea la que fuere la tragedia de sus vidas actuales, tiene profundamente arraigado dentro de ellos mismos, sementado ahí por medio de experiencias anteriores, recursos inusitados de fuerza y nobleza; y una vez que la voluntad se aviva para volver hacia lo superior, no hay alturas tan difíciles que el hombre más villano no pueda, si quiere alcanzarlas.

Pregunta — Por cierto, parecía como que la balanza había pesado en contra de algunas de esas personas, como que Dios había de veras predeterminado para ellos un camino de maldad. ¿Usted no cree en eso, verdad?

Comentario — Seguramente que no. Puede ser que parezca así, visto desde el círculo cerrado de experiencia de una sola vida; pero no se olvide de la continuidad de la conciencia que abarca tanto al nacimiento como a la muerte. Me doy cuenta de qué difícil es para nosotros, que hemos sido aleccionados a pensar en un solo corto plazo en la Tierra, para recibir la idea del renacimiento del alma repetidas veces. No les pido aceptarla, sino más bien considerarla cuidadosamente antes de rechazarla.

No es el modelo del desarrollo un asunto al azar, sino que es el efecto inevitable del empuje inicial en la semilla de la Deidad que está en el corazón de cada ser viviente dentro del universo. Por consiguiente, no es posible que la balanza estuviese cargada en contra del hombre. Al contrario, si estuviese cargada de alguna manera, sería a su favor, pues el ímpetu de la corriente evolutiva es siempre hacia adelante, siendo la ola viviente de la humanidad llevada lenta, pero segura hacia aquella dirección. No hay en la Naturaleza nada estático o vamos hacia adelante o retrocedemos, y de aquí es donde viene el reto. En los reinos inferiores al del hombre, el impulso es siempre hacia arriba con dirección al reino humano; y allí el desarrollo es automático y sin consciencia de sí mismo. Pero una vez llegado al reino humano, hemos de determinar cuál rumbo de desarrollo queremos seguir, pues es posible irse hacia abajo, y muy abajo; es igualmente posible dar pasos muy largos hacia adelante, en cuanto a lo que incumbe a la calidad de nuestra conciencia.

Después de todo, la esencia del problema es conciencia y lo que hacemos con ella. Tenemos en la actualidad un cierto horizonte de conciencia que representa la suma total de lo que somos, y este horizonte es para nosotros, en este momento, un Círculo Impasable, más allá del cual no podemos ir. Pero el Padre interno nos está empujando y estimulando todo el tiempo, por mucho que no nos percatemos de sus esfuerzos, para extender aquel horizonte y pasar más alla de nuestro Círculo No Se Pasa, hacia una meta más lejana de comprensión y sabiduría. En el curso del desarrollo erramos, naturalmente, pero con el tiempo aprendemos lo que es bueno y lo que es malo; y si la corriente de nuestro anhelo fluye hacia la luz, eso es todo lo necesario. Ya sea que vayamos hacia adelante con la ola viviente de la humanidad rumbo a nuestra meta; o, si preferimos, podemos con premeditación ir hacia abajo y romper nuestro vínculo con la Divinidad; pero esto último ocurre tan raramente que podemos ignorarlo con respecto a la generalidad de los seres humanos.

Nos es imposible quedar exactamente en el mismo nivel de conciencia, porque durante cada momento del día estamos avanzando, con esperanza, hacia un campo mayor de visión y de experiencia, y en cada paso adelante encontramos un nuevo

Círculo impasable. Cuando llegue el momento de la muerte, la calidad de los pensamientos más íntimos de un hombre en el transcurso de su vida, le revelará, ya sea como un carácter más débil o más fuerte.

Pregunta — ¿Tendría usted la bondad de explicarnos dónde cabe en su esquema, Satanás? Esto no es una pregunta meramente hipotética, sino para mí, en la actualidad, una muy verdadera. Sabe usted, mi padre fue por muchos años un pastor religioso, y de una mente muy amplia y una gran persona, esto era lo que yo pensaba. Pero con la producción de las armas nucleares, él se ha puesto muy fanático. Está convencido de que todo eso es la obra de Satanás. Nada de lo que yo le diga cambiará su opinión. ¿Qué piensa usted?

Comentario — Yo puedo comprender su problema, porque penetra en el corazón mismo de las creencias más íntimas de una persona. Permítame decirle primero que simpatizo profundamente con el horror que siente su padre con respecto al uso de los secretos de la Naturaleza para fines destructivos. Sin embargo, yo, por mi parte, no puedo ver el origen, crecimiento y desarrollo rápido, en la actualidad, de la física nuclear como la obra de Satanás, si éste existe o algunos de su hueste en las tinieblas. El uso del poder para el Mal es siempre algo diabólico y demoníaco, pero no es la obra de Satanás.

Hay en esto una diferencia importante. Aunque parezca trivial, va directamente al centro del problema teológico del Bien y del Mal: el Bien como la manifestación de Dios, y el Mal como la de Satanás. Para mí no hay un Diablo que conduzca voluntariamente a los seres humanos hacia la práctica del Mal; ni ningún Dios personal quien igualmente lleve a los seres humanos hacia sendas de la rectitud. Sin embargo, el Bien y el Mal, tanto como el calor y el frío, día y noche, y todas las demás manifestaciones bipolares, están siempre con nosotros. Pero son estados relativos para los seres vivientes, y no entidades innatas en sí mismas. Por consiguiente, se puede ver al Bien y al Mal en las relaciones humanas como estados de conciencia relativos. El Bien, podemos decir, representa lo que está en armonía con la tendencia del progreso hacia arriba; el Mal, lo que tiende a la retrogresión, a distorsionar y volcar el equilibrio natural. Lo que parece bien a unos aborígenes de Australia y de África, nos puede parecer a nosotros como espantosamente mal; ¡y, tal vez, viceversa!

Pregunta — Si, como usted dice, no hay un Satanás, ¿piensa Ud. que Dios permitió al hombre descubrir el secreto del átomo?

Comentario — Yo no creo que Dios tuvo nada que ver con nuestro descubrimiento del átomo, ni que Dios nos detendría de explotar su uso. Será el hombre por sí mismo quien pondrá los frenos a su uso destructivo. También yo creo tan firmemente en la ley de causa y efecto, que para mí los descubrimientos de la física nuclear son todos una parte de las oportunidades mayores que nosotros como raza hemos merecido. Creo que no tenemos que temer que suceda la destrucción precipitada.

Pregunta — ¿Entonces usted cree que el hombre no irá más allá que hasta cierto punto; que no perpetrará el suicidio racial deliberadamente? Usted antes dijo que si alguien de veras quisiera ir lejos del camino e hiciera esto durante un tiempo bastante largo, finalmente iría hacia abajo y tal vez aun, rompería el vínculo. ¿Por qué no sucederá la misma cosa a la humanidad, la cual, después de todo, es no más que un par de billones de seres humanos en conjunto?

Comentario — La humanidad podría hacer esto muy fácilmente, si hubiera un deseo suficiente en bastantes seres humanos para seguir el camino de la destrucción y del Mal. Pero estoy tan seguro hoy, como estoy seguro de cualquier cosa en este mundo, que el equilibrio está fuertemente al lado de la razón o de lo correcto. ¿Por qué digo esto? Considere un corte transversal de cualquier ciudad, comunidad, nación o grupo de naciones. Veremos ejemplares sobresalientes de las mejores y más excelentes calidades humanas, tanto como las peores de ellas; pero, estarán al lado de éstas, el vasto número de hombres y mujeres que nadie conoce de nombre, pero quienes, literalmente, son "la sal de la tierra." En su simple línea de conducta están ejemplificando las cualidades de valor, consagración a sus deberes particulares, por muy humildes y aparentemente insignificantes que sean, y con una natural comprensión de sus vecinos. Todo lo cual está pesado en la balanza del destino, con tanta exactitud como lo son las virtudes y cualidades de carácter de mayor excelencia exhibidas por los hombres más destacados. Que la balanza está también cargada con la inercia, el egoísmo y la codicia, no se puede tener ninguna duda.

Visto en perspectiva, estoy convencido de que la historia reflexionará sobre esta edad como una de las más peligrosas, sí, pero también como una de las más notables para el adelanto espiritual tanto como el material. Pues el descubrimiento de la fusión nuclear ha enfocado una indagación intensiva y directa de los valores esenciales. Esto en sí, además del predominio de un riesgo en común, está efectuando una comprensión sutil, pero palpable de nuestra unicidad humana.

Pregunta — En eso yo estoy con usted ciento por ciento de acuerdo, y me imagino que, lo mismo, la mayoría de los jóvenes. Pero hay otro punto de vista que mi padre considera. Él dice que no sólo es esta edad atómica la obra de Satanás, sino que ella prueba que todos somos "nacidos en el pecado." Pero yo creo que ésta es una idea perniciosa. ¿Querría usted hablar un poco con respecto a este concepto?

Comentario — Esto no es una censura al individuo que pueda creer sinceramente que el hombre ha nacido en el pecado; pero yo no puedo estar de acuerdo con tal idea, lo mismo que usted.

Debemos considerar los primeros tres capítulos del *Génesis*, para ver cuán poco satisfactorios son, si se les toma literalmente; pero si son entendidos como una alegoría del nacimiento del hombre, cuán verdaderamente significativos son. Después de crear los Cielos y la Tierra en el primer capítulo, llegaba el momento para Dios o los Elohim, literalmente en hebreo, los "dioses," de formar al hombre. Así en el segundo capítulo Adán fue creado del polvo de la tierra, y entonces Dios o los Elohim insuflaron en él "el aliento de vida; y el hombre llegó a ser un alma viviente." Entonces se cultivó en el Edén un jardín, en el centro del cual estaba colocado el árbol del conocimiento del Bien y del Mal. Después de que todos los animales fueron creados, el Señor Dios se dio cuenta de que Adán no tenía una compañera, de modo que le sumió en un sueño profundo y le sacó una "costilla" y formó a la mujer. Así tenemos a Adán y Eva, en el jardín del Edén, desnudos y sin vergüenza de ello, y advertidos de no comer del *árbol del conocimiento*.

Ahora bien, en el tercer capítulo aparece una serpiente que les induce a comer del árbol prohibido, pues ellos si lo hacen "de seguro no morirían," sino que "serían como dioses, sabiendo el Bien y el Mal." Eva escucha, y comprende que no sólo es bueno para comer el fruto, y hermoso de admirar, sino que también "lo hace a uno sabio." Así ella se decide a probar un pedazo de la fruta y entonces la comparte con Adán. Leemos más adelante, de la terrible maldición que pone el Señor Dios sobre Eva por haber seducido a Adán, y que por eso tendrían dolor, trabajo y discordia a través de todos sus días. Ahora escuchad la parte final del capítulo tercero sobre el *árbol de la vida*: "Y dijo el Señor Dios, Mirad, se ha convertido el hombre como uno de nosotros, al saber el Bien y el Mal; y ahora, para que no extienda la mano y tome también del árbol de la vida, para comer y vivir por siempre" . . . Por consiguiente, se arrojó a Adán y Eva del Jardín y el Señor Dios colocó en la entrada a querubines con una espada llameante para guardar del hombre, el *árbol de la vida*.

Aquélla, en esencia, era la manera hebrea de expresar el génesis de nuestro desarrollo evolutivo de un estado parecido a la inocencia e irresponsabilidad de los animales, al reconocimiento consciente de nuestro estado como seres humanos. Originalmente andrógino, es decir, conteniendo la potencia de lo masculino y lo femenino, Adán entró en un "sueño profundo" durante el cual los Elohim o Dios le quitaron una de sus costillas (nótese que en hebreo la palabra significa también "costado") que efectúo la división natural de los sexos en dos, y la humanidad naciente se despertó entonces como hombres y mujeres. Con el paladear de la fruta prohibida llegó al conocimiento de su "desnudez" o responsabilidad, y a un deseo entonces de "unir las hojas de higuera" o sea, hacer algo con respecto a su conocimiento recién obtenido.

Además, en casi cada país, la serpiente no fue originalmente un símbolo de astucia o engaño, sino de sabiduría y como un portador de luz y comprensión. Si consideramos la serpiente del *Génesis* en el papel de un "Portador de Luz," que es lo que quiere decir Lucifer, podemos ver cuán asombrosamente distinto será nuestro concepto entero del origen del hombre.

Pregunta — ¿Entonces cómo hemos recibido esta idea de haber "nacido en el pecado"?

Comentario — Este es uno de los efectos más destructivos de tomar literalmente la supuesta Palabra de Dios, el tomar una verdad y hacer un dogma de su comprensión, siendo ésta, tal vez, errónea por completo. Cuando Adán y Eva, quienes representan a la humanidad en su infancia, fueron arrojados del Paraíso, ellos literalmente "cayeron" de su estado anterior de paz y dicha inconsciente en uno de lucha, desorden y confusión, al tener que escoger entre el Bien y el Mal. No obstante, la llamada Caída o pérdida de la Gracia de Adán, no fue una caída retrógrada sino verdaderamente una caída hacia el adelanto, a experiencias futuras. El hombre fue "nacido en la materia," pero no "en el pecado;" mientras que él esté obligado por "maldición" a trabajar y sufrir, sin embargo con la pena y la lucha de cada nacimiento vienen siempre la belleza y el triunfo de la creación. Esa es la herencia dejada por el Ángel Caído, quien asumiendo la forma de una serpiente produjo aquel glorioso episodio de magia blanca, vivificando la actividad dinámica de la mente latente, y de este modo dándonos nuestro vínculo consciente con el aliento de la Divinidad cuando los Elohim insuflaron en esa masa de arcilla e hicieron del hombre "un alma viviente."

Pregunta — Tengo otra pregunta, con respecto a la voluntad de Dios. ¿Cuál es la mejor manera de alinearse con la voluntad de Dios?

Comentario — Esa es una bella pregunta. Quizás la regla de conducta más exaltada se halla en la exclamación del Maestro en el Gólgota: *Hágase Tu voluntad, y no la mía*. No dejemos predominar la voluntad del hombre personal, sino, ¡Oh Padre mío,! obra a través de mí, pon tu voluntad divina en acción. Si podemos aspirar hacia la voluntad de nuestro Padre, por muchas veces que fallemos o más seriamente nos desviemos de nuestros ideales interiores, descubriremos que últimamente estaremos haciendo, no la voluntad de nuestro yo personal, sino de verdad, la voluntad de Dios, porque ésta será la de nuestra propia divinidad íntima. La voluntad de Dios no es lo mismo para usted, ni para mí, ni para cualquier otro; es sólo la Divinidad dentro de cada uno de nosotros, nuestra propia porción de la esencia de Dios, de nuestro propio Padre individual, lo que puede aclarar para nosotros la voluntad que individualmente hemos de seguir.

¿Usted pregunta cómo mejor alinearse con la voluntad divina? *Hágase No mi voluntad, sino la Voluntad del Padre*, hasta donde podamos armonizar o acordar nuestras oraciones y nuestras aspiraciones con el Progenitor y al cumplir con sus mandamientos, recibiremos dirección en abundancia. Pero, repito, nadie puede definir con anterioridad, para otra persona cuál es la voluntad de su Padre. Cada individuo tiene la responsabilidad de resolver eso por sí mismo. Ni son sus mandatos pronunciados en muchas palabras los que podemos oír. Pero están siempre presentes.

Así que usted puede ver que el hombre es su propio consejero y guía, y no ha de tener temor porque, aunque habiendo sido formado del polvo de la tierra tiene circulando en sí el aliento de los Elohim y, como un "alma viviente" puede de veras "juzgar a los ángeles."

Inversión en Fortaleza de Carácter

La lucha de la humanidad para avanzar desde la obscuridad a la luz ha ocupado la atención de generaciones de ciudadanos sinceros y serios en cada punto del globo. Siglo tras siglo ha habido individuos quienes se han atrevido a asaltar los "portales del Cielo" e infundir valor y una visión más amplia en el pensamiento de la humanidad. Lado a lado con estos pocos, sin embargo, ha estado el contrapeso de los que rehusan hacer frente, aun a medio camino, a la responsabilidad del ser humano. Hoy, la Naturaleza crítica de la decisión es un desafío universal, no ya el privilegio de unos cuantos, sino la responsabilidad de todos. ¿Pero cómo hacer frente a ese reto con inteligencia y sabiduría?

Vislumbrar la visión desde una perspectiva mejor iluminada, es una cosa, y otra es ponerla en ejecución. Las virtudes milenarias de la caridad, el discernimiento, el valor y la comprensión duran años, tal vez miles de años, para llegar a ser una inversión sólida en el carácter. En todas partes los hombres se preguntan: si la batalla de la luz contra la obscuridad continúa perpetuamente; ¿qué pasa con el uso de la violencia en nuestras relaciones humanas? Si vemos a la Naturaleza haciendo uso de la violencia en sus reinos, ¿cómo podemos esperar que no la utilice el hombre para emplear su voluntad?

Naturalmente, durante el proceso de desarrollo hay contienda y un conflicto de voluntades. Pero es posible preguntar si la Naturaleza en cualquier tiempo *constriñe* su desarrollo. Hay una gran diferencia entre la compulsión de la violencia y el uso benévolo de la fuerza. En asuntos físicos la fuerza es efectiva, sin duda, pues sólo se requieren unas arrasadoras y máquinas de mover la tierra para "trasladar una montaña." Pero en los niveles superiores del pensamiento y de la acción, ¿qué encontramos invariablemente cuando se aplica la violencia? Resistencia y más resistencia, con fuerza luchando contra ella, y sin ninguna solución en vista. Sí, en verdad, en cada relación humana encontramos la fuerza en abundancia: la fuerza de la voluntad humana tratando de constreñir el cambio, tratando de arrasar una vía por las montañas de oposición. Pero, si hay montañas que son distintas a las de piedra y tierra, ¿no necesitan el uso de instrumentos del espíritu y no de la materia?

Las acciones de la Naturaleza son silenciosas pero poderosas; y mientras que el hombre puede acelerar el crecimiento de una flor en un invernadero, al hacerlo acelera la muerte de ella. Todos recordamos la frase en *Mateo* cuando Jesús recuerda a sus discípulos que "desde los días de Juan el Bautista, hasta ahora, el reino del Cielo sufre la violencia, y los violentos lo toman por la fuerza." ¿Debemos deducir que Jesús quiso decir que hemos literalmente de tomar al reino de las cosas espirituales por la fuerza? Investigando en el original encontramos que este mandamiento puede con igual exactitud traducirse de esta manera: "El reino de los Cielos está vencido, y lo hacen los fuertes (de mente)." El verbo "vencer," viniendo de la raíz *bia*, significó en el griego antiguo no sólo "fuerza o potencia corporal," sino también "fuerza mental." Así pues, ¿por qué no interpretar la advertencia del Maestro como: "el reino de las cosas espirituales ha de tomarse por la fuerza, y los de mentes fuertes lo harán?"

La crisis de la actualidad no es algo nuevo; ha sido encontrada innumerables veces en edades pasadas, pero en la historia escrita no ha habido nunca una preocupación tan abrumadora que nos dé una indicación que ilumine nuestros actos. Con todos los recursos a nuestra disposición, espirituales, mentales y físicos parecería que fuese fácil esa victoria. No obstante, siempre persiste la timidez natural de la naturaleza humana, de desprenderse de lo viejo y de asir con vigor el reino de lo nuevo. Todavía quedan los Nicodemos que se mantienen apartados, por su propia preferencia, fuera del círculo de responsabilidad activa; y los jóvenes, gobernantes ricos, quienes, sienten la atracción de la verdad; sin embargo prefieren sus apegos, las "riquezas" de sus vehículos de pensamientos establecidos, y así se niegan el privilegio de asociarse con la vanguardia.

La esperanza del mundo no yace en la religión doctrinal, ni en la especulación filosófica, ni en el experimento científico. Yace donde siempre ha estado situada: en el valor y la visión de cada generación sucesiva de moverse con la corriente de progreso según ésta avanza de un ciclo al siguiente. Hemos siempre de recurrir a los de corazón joven, no siempre a los que son jóvenes en años, sino a los que son jóvenes en la elasticidad del espíritu, de trazar nuevos caminos a la realización, para que las generaciones que siguen puedan mantener el progreso de la raza hacia arriba.

EXPANSIÓN DE HORIZONTES

La juventud de hoy día está demostrando que hay en ella una honda reserva de altruismo, vinculado con un deseo de realizar en sus vidas algo creador. Algunos de ellos, es verdad, encuentran serias dificultades en adaptarse a la madurez, pero éstos representan un porcentaje insignificante en comparación con la ola vital pulsante de jóvenes de corazón fuerte, resueltos y de elevada inteligencia, que son fervorosos en sus empeños de prepararse para encontrarse con el desafío de este siglo. Ellos hacen preguntas penetrantes, de las cuales no son de poca importancia las que tocan el nacimiento y la muerte, y las relaciones recíprocas entre éstas dentro del plan evolutivo mayor. Hay una confianza de espíritu y de mente entre ellos que ya no aceptará a los literalismos cansados del dogma religioso. El legado del "reino del Cielo" es suyo, no para la liquidación por la violencia, sino reservado en depósito para los "fuertes de mente", un legado de libertad de pensamiento, de los actos y, lo más importante, un legado de libertad en el anhelo espiritual.

Our Complete Catalog
(English language)

may be obtained by filling out this card and returning it to us.

PLEASE PRINT

Mr/Mrs/Ms ─────────────

Address ─────────────

City, State, & Post Code ─────────────

Country ─────────────

─────────────

Please include information about:

☐ The Theosophical Society   ☐ Correspondence Courses

☐ Libros teosóficos en español

Place Stamp Here

THEOSOPHICAL UNIVERSITY PRESS
P O BOX C
PASADENA, CA 91109–7107

Desenvolvimiento Síquico en Oposición al Espiritual

PREGUNTA — Nosotros dos pertenecemos a un grupo de jóvenes en que las edades oscilan entre dieciséis a veintidós años. Nos reunimos regularmente para discutir toda clase de asuntos desde el campo cultural y social hasta el filosófico y religioso, pues nos interesamos por encontrar explicaciones más satisfactorias de las que nos ofrecen hasta ahora las fuentes religiosas ordinarias. Hemos investigado las ideas de la reencarnación y del Karma, y aun el siquismo, y quisiéramos saber su punto de vista en relación con estos temas, especialmente el que se refiere al desenvolvimiento síquico.

Comentario — Yo enfáticamente no apruebo el desenvolvimiento síquico. No se puede negar que el hombre posee tales poderes ocultos y fuerzas mucho más sutiles dentro de sí, pero éstos llegarán a su funcionamiento activo, naturalmente, en la medida en que la conciencia interior del individuo se capacite para utilizarlos debidamente. Pero no ocurrirá este uso apropiado y prudente a no ser de que primero hagamos énfasis en el cumplimiento de nuestras responsabilidades cotidianas.

Pregunta — Pero si el hombre tiene estos poderes internos, ¿por qué sería erróneo desenvolverlos?

Comentario — Dejadme aclarar lo siguiente: mientras que yo mismo desapruebo definitivamente el desenvolvimiento forzoso de los poderes extranormales, no tengo ninguna crítica para el miembro de cualquier grupo que mantenga otra creencia. Mi crítica se concentra en el concepto erróneo y en el mal uso de principios espirituales antiguos. Por milenios los sabios nos han advertido en contra de una búsqueda antinatural, de lo síquico, y nos han enfatizado el cultivo de lo ético y espiritual como la vía principal en la cual debemos empeñarnos. Yo hablo sólo en principio, sin deseo alguno de persuadirles. Pero si tratamos de vivir lo que podemos comprender de las verdades enunciadas por todos los guías mundiales, sin ningún énfasis en los poderes síquicos, atraeremos hacia nosotros mismos, por medio del Karma, las apropiadas experiencias que necesitamos.

La iluminación espiritual es algo que ocurre todo el tiempo, a cada hora del día, y no solamente en reuniones organizadas los domingos o en circunstancias especiales con ritos específicos. La responsabilidad principal es la de cumplir con nuestro deber, no sólo con nuestra familia o con nuestra profesión, sino también con nuestro país, nuestro prójimo, y sin restarle importancia a nuestro Yo Superior. ¡Después de eso, si nos queda tiempo y energía, podemos pensar en ejercicios específicos para desarrollar nuestros músculos espirituales!

DESENVOLVIMIENTO SÍQUICO EN OPOSICIÓN AL ESPIRITUAL

Pregunta — Algunos de nosotros creemos en el renacimiento del alma, ¿pero qué es exactamente lo que reencarna?

Comentario — ¿Cuál es el todo coherente en la guía de la experiencia de cualquier ser humano? Ha de estar vinculado, directa o indirectamente, con el Yo inmortal, que llega al nacimiento vida tras vida. Algunos lo llaman el ego o elemento reencarnante, aquella parte permanente de nosotros que ha traído consigo una porción de la experiencia asimilada del pasado, y que así provee de ímpetu a la acción en el curso de cualquier vida individual, que prepara el escenario en el cual el alma actúa y reacciona. ¿De dónde viene ese escenario? El ego reencarnante no lo fabrica conscientemente. El Karma extrae el escenario del depósito inmenso de experiencias que ha acumulado cada uno de nosotros. Así permite a nuestro Yo Superior traer al nacimiento a una personalidad que ayudará a completar, fortalecer y aumentar el valor y calidad espiritual del ego reencarnante. En la universidad de la vida, el aula es la familia y el medio ambiente en que nacemos. ¿Y el instructor? Cada uno de nosotros es tanto instructor como alumno. Todos a quienes encontramos a través de nuestro crecimiento en la vida, nos enseñarán algo, y a la vez nosotros tenemos algo que darles a ellos; puede ser que sea sólo una sonrisa o una mala mirada; es un intercambio natural que funciona infaliblemente, en ambas direcciones, lo sepamos o no. Es nuestra actitud, en cuanto a las circunstancias de la vida, la que forma nuestro porvenir, y la que nos proporciona, durante el proceso de preparación exacta para dejar que nuestra conciencia se abra a una comprensión más amplia de nuestras responsabilidades.

Cada gran religión mundial ha dado énfasis, a su propia manera, a la importancia de la causa y el efecto, como una guía moral en las vidas de los discípulos sinceros. Digo "discípulos sinceros," deliberadamente, y permítaseme dar un paso más: cada líder del pensamiento espiritual ha enfatizado la existencia de lo que yo quiero llamar los archivos kármicos desplegándose en nuestras vidas. Ahora bien, usted probablemente ha estudiado algo de la naturaleza triple del hombre: el Yo Superior, el yo intermedio, y el yo inferior. En la etapa actual de nuestro desarrollo estamos obteniendo experiencias de primera mano: experiencias de nuestro yo intermedio, o la región del alma o ego humano. Podemos asociar nuestros pensamientos e intereses con el Yo Superior y recibir inspiración y dirección de él; o podemos mirar hacia nuestro yo inferior y sentirnos deprimidos y confusos.

Pregunta — ¿Sugeriría usted algún programa organizado para jóvenes como nosotros?

Comentario — Mi manera de pensar es ésta: Puesto que cada programa por necesidad abarca a individuos de carácter y de karma diferentes, una vez que se desarrolle una agenda de actividad, inmediatamente se corre el riesgo de tratar de meter a todos en el mismo molde de pensamiento. Algo se empieza a cristalizar. Esto es una equivocación desde el punto de vista del ego reencarnante que está anhelando resolver su propio patrón de desarrollo. Yo sé que esto parecerá extraño, y tal vez lo sea, en lo superficial, pero estoy convencido de su validez fundamental.

Especialmente entre los jóvenes, en esta época del ciclo de esta centuria, están entrando en la vida de la Tierra egos que tienen una longitud de onda de experiencia del pasado más amplia que la de cualquier concepto religioso organizado que les pudiera satisfacer. Están buscando la Verdad viviente, no los dogmas. En el momento en que se trate de amoldar a uno de estos individuos de mente abierta en un plan de acción prescrito, de pensamiento o de aspiración predeterminadas, se rebelará contra tales restricciones.

Ademas, el clima del pensamiento mundial no será afectado permanentemente por esfuerzos esporádicos, ni por inoportunidades. Hoy día hay demasiadas organizaciones que trabajan con esa clase de restricciones; pero sus esfuerzos, por muy sinceros que sean, disminuyen, poco a poco, porque hombres y mujeres, de mentes serias, empiezan a sospechar que la Verdad no se logra sin sacrificio individual. Nunca ha habido, ni nunca habrá, caminos cortos para el desarrollo espiritual; y sería un error cardinal tratar de crear una impresión tal.

También no debemos caer en la trampa tan común en nuestra sociedad, tan altamente especializada, y pensar que si organizamos deliberadamente un sistema de pensamientos o si resolvemos un grupo de fórmulas complicadas, sólo para fines de lograr buenos resultados, se llevaría a cabo nuestro objetivo. Encontraríamos al fin que aquellos "buenos resultados," buscados con avidez, serían nulos en cuanto a lo que se refiere a beneficios duraderos para la humanidad. Es justamente aquí cuando se aplica el pensamiento antiguo de deshacerse del "fruto de la acción." Cuántas veces nosotros actuamos, aun cuando pensamos actuar compasivamente, y sin embargo, la corriente interna de nuestro acto está teñida con un deseo egoísta de *ver* los buenos resultados, y de sentir que *nosotros* desempeñamos un papel al producirlos. Si deseamos verdaderamente servir, entonces no debemos pensar en los resultados, pues éstos son la incumbencia de la Gran Ley cuyas operaciones son más sabias y más bondadosas de que lo que el hombre se pudiera imaginar. Así que, apartémonos de las fórmulas y los encantamientos o la reconcentración en pensamientos especificados para fines preconcebidos. Aquéllas nos conducen a caminos desviados que en la mayoría de los casos nos alejan de nuestro objetivo principal.

Pregunta — Esto es muy diferente de la manera de cómo se enseña en las iglesias, y aun en la educación, en donde estamos obligados a pensar de cierta manera.

Comentario — Cada cual de nosotros tiene que lograr la comprensión, a su propia manera. ¿Por qué debe alguien que profesa interesarse en el bienestar de sus hermanos tratar de fabricar un vehículo de pensamiento "predeterminado" en el cual derramar sus energías espirituales? Sería absurdo. Es ese mismo propósito el que ha anulado la obra de los grandes maestros mundiales los cuales han tratado de introducir en la vida del pensamiento mundial la prístina corriente de la Verdad.

¿Qué sucede cuando ustedes y yo intercambiamos pensamientos mientras que nos sentamos aquí juntos? Inconscientemente, ustedes están obteniendo de mí exactamente lo que necesitan; y ustedes por su parte están ayudándome a mí. Esa es la manera de cómo el Karma funciona. No está fabricado; es una ley que emana de la Divina Inteligencia. Si actuamos dentro de la estructura moral de la vida, lo sabremos y cosecharemos beneficios; si actuamos en contra de las leyes de la Naturaleza, también lo sabremos, tarde o temprano y cosecharemos las dificultades y el dolor, hasta que ajustemos nuestro pensar y nuestras actitudes. No podemos evaluar el karma de otro, pues no sabemos hacia cuáles regiones de experiencia está guiándole su Yo Superior, para que fuesen impresos en su alma los valores apropiados. Lo maravilloso de ello es que nuestros mismos errores son muchas veces nuestros mejores maestros, puesto que nadie consigue un resultado, sino hasta cuando no haya superado sus errores. Por tanto, no hemos nunca de tener temor a equivocaciones, pues la iluminación que resultará de

DESENVOLVIMIENTO SÍQUICO EN OPOSICIÓN AL ESPIRITUAL

nuestro conocimiento del error nos guiará hacia el camino de nuestro porvenir. Así, cada cual se enseña a sí mismo; y, si el motivo es sincero, cuando éste se comete, en vez de caer de cara a la sombra y con la obscuridad por delante, cae cuesta arriba de cara hacia el Sol. Eso es el ocultismo en su sentido más puro. El verdadero ocultista, no el falso guía del siquismo o de las llamadas "ciencias ocultas" que están llenas de peligros, no impone a nadie ni enseñanzas ni instrucción, sino que señala el camino por medio del ejemplo apacible e iluminador.

Es admirable cuán profundamente estas verdades, que se han enseñado a lo largo de los años, están en actividad hoy día en la conciencia de nuestros semejantes. Miles y miles están buscando, lo mismo que todos ustedes. Ellos no se interesan en gimnásticas espirituales; quieren saber cómo integrar su pensamiento con valores básicos espirituales para mejor enfrentarse a los problemas que están oprimiendo a sus conciencias. En verdad que ninguna de las demostraciones de facultades síquicas o extra sensoriales nos enseñarán esto. Sólo en el molino de la disciplina de la vida, al final de cada experiencia, se encontrará una medida de sabiduría.

Pregunta — En nuestro grupo, recientemente hemos empezado a invitar a líderes de varias ramas de pensamiento para comparar sus ideas con las nuestras. Pero hemos descubierto que hay muchas clases diferentes de enseñanza. ¿Cree usted posible que algún día todos aquéllos que creen en las cosas superiores trabajarán conjuntamente en una organización?

Comentario — Yo no creo que habrá nunca una fusión formal de organizaciones externas. La unidad espiritual es una cosa interior, y ninguna acción de manejo exotérico la efectuará nunca. Sin embargo, en décadas venideras, tal vez en siglos futuros, pueda ser que un número mucho más grande de individuos y de asociaciones descubran de nuevo la corriente común de los principios espirituales y los lleven a la práctica en sus vidas. Cuando esto ocurra, la armazón externa de organizaciones separadas se terminará, y la unidad interior de pensamiento consolidará los verdaderos valores. Nada podrá detener eso, porque estas unidades espirituales, vehículos del corazón de la humanidad estarán trabajando todas juntas, y el palpitar de la Verdad hará circular la sangre vitalizada del progreso evolutivo a través de todo el género humano.

Pregunta — ¿Pero no piensa usted que todas las religiones, todos los grupos, han tratado justamente de efectuar eso, y sólo han conseguido cristalizarse de diferentes maneras?

Comentario — El empeño desinteresado, por dondequiera que se exprese, contribuirá siempre al fortalecimiento de los esfuerzos de ese núcleo pequeño, pero potente, cuya meta es una ejemplificación más amplia de la fraternidad entre todos los seres humanos. Cuando cada individuo cumpla con sus deberes naturales, ocurrirá el peregrinaje ilimitado de la bondad. Esto no se detendrá en las dos o tres personas entre las cuales se lleve a cabo el intercambio, sino que continuará indefinidamente. Lo mismo que la ondulación de las aguas en un lago tranquilo se ensancharán hacia la infinidad; así un intercambio sincero de buenas obras, afectará al cuerpo entero de la humanidad. Será también un beneficio genuino, porque es una expresión espontánea de la Deidad y no un antídoto preparado con fines egoístas. La acción recta brota de la Divinidad, del manantial de inspiración que nos impulsa a cada uno de nosotros a seguir adelante; y esto es la razón por la cual un acto inegoísta se continúa ad infinitum. ¿Han leído ustedes el *Bhagavad-Gītā*?

Pregunta — No, pero hemos oído hablar de él. ¿Nos aconsejaría estudiarlo?

DESENVOLVIMIENTO SÍQUICO EN OPOSICIÓN AL ESPIRITUAL

Comentario — Creo que sacarán ustedes provecho de una lectura cuidadosa del *Gita*. Ha habido muchas traducciones de éste al inglés y a otros idiomas modernos. Yo, por mi parte, prefiero la Revisión Crítica de W. Q. Judge porque, aunque no es poética en su forma de prosa, se adhiere más estrictamente en espíritu al original. Es un librito bello, profundamente esotérico bajo la superficie de la forma exotérica. El *Bhagavad-Gītā* en sí mismo es sólo un pequeño episodio del gran poema épico indostánico, el *Mahābhārata*, y relata las aventuras de dos ejércitos "formados en orden de batalla," en medio de los cuales está de pie Arjuna, quien ve en el ejército opuesto a sus "preceptores y antiguos amigos" y se niega a combatir. Krishna, representando al Yo Superior de Arjuna, le aconseja "ponerse de pie" y hacerle frente a su adversario, su yo inferior. En el diálogo que sigue, entre otros de gran valor está enunciado este principio por Krishna: entre los cientos de miles, sólo uno se esfuerza por la perfección; y entre todos los que se esfuerzan así, sólo uno llega a conocerme tal como soy.

Ahora bien, ese mismo principio se aplica no sólo a las iglesias y a todos los "instructores" espirituales, sino a la totalidad del cuerpo organizado de ideas: entre todos éstos puede haber sólo uno o dos que tengan una percepción relativamente libre de trabas. Todas las grandes religiones fueron en sus primeros comienzos expresiones de la Verdad. Pero, entre los discípulos de la mayor devoción al "nuevo" pensamiento, ¿cuántos de veras comprendieron con los ojos del alma? Se vislumbró sólo una porción; y cuando se puso por escrito esa porción, ésta llego a ser tan fija, que finalmente se convirtió en un dogma. Los conceptos de los discípulos pueden haber sido exactos desde el punto vista ventajoso de su propia conciencia, pero no fueron necesariamente verídicos para todos. Tome a cualquier grupo de hombres, y vaya con ellos a cualquier ciudad o sitio de este globo, y deles puntos de vistas idénticos, y luego pídales lo que vieron. Cada uno le ofrecerá una versión diferente. Así, sucede con la Verdad, cada uno de nosotros percibe sólo un aspecto de una faceta de la Verdad.

Pregunta — ¿Diría usted que los que tratan de desenvolver sus poderes síquicos están definitivamente yendo por un sendero erróneo?

Comentario — Cómo sería posible para nosotros decirle a alguien que su manera de proceder está equivocada; que siga la nuestra, porque nosotros sabemos la que es correcta. Sólo el motivo interior de la persona puede determinar cuál es el camino correcto o incorrecto que puede seguir. Pero si alguien tiene como su objeto principal el desenvolvimiento de su naturaleza síquica, entonces yo diría que estará siguiendo un camino que finalmente le conducirá a un callejón sin salida.

Considere los fenómenos de los médiums, y la capacidad de tener visiones, ver formas de pensamientos y de tener la facultad de leer la mente de otra persona o, todos estos fenómenos que no tienen nada que ver con la naturaleza espiritual. Son más bien obstáculos que ayudas, porque tienden a llevar al alma lejos de su meta. ¿Por qué digo yo esto, cuando hay hoy día tanto interés en estos poderes extra sensoriales? Como queda dicho, no es porque todo esto no exista; claro que si fuesen invenciones de la imaginación, habrá poco peligro en ello. Pero es a causa de su existencia muy real que estos fenómenos plantean uno de los más grandes retos. Recuerden ustedes las palabras del Maestro Jesús: Buscad *primero* al reino de los Cielos, y todas estas cosas se os darán por añadidura. Esto es lo que cada guía mundial ha dicho: Buscad primero el sendero de la iluminación espiritual, la luz del sol de la divinidad interior, en lugar de la luz de la luna de la naturaleza síquica; en tal caso, los rayos de luz superior se proyectarán hacia abajo, a través de toda su naturaleza, iluminando los quehaceres diarios de vuestra vida. Cuando esto ocurra, "todas estas otras cosas" nos serán añadidas dentro de su ciclo natural. Entonces, y sólo entonces, estaremos preparados para manejarlas sabiamente, y sin peligro para nosotros mismos, tanto como para otros.

Pregunta — Pero eso es un proceso bastante lento. A muchas personas no les gusta esperar tanto, sino que prefieren apresurar su desenvolvimiento.

Comentario — En realidad, la persecución del desenvolvimiento síquico, aunque parezca ser una ruta más rápida y más vívida, es un camino más largo de experiencia y que eventualmente puede conducir a la muerte o a un desequilibrio síquico donde, en ciertos momentos por lo menos, el alma se halla fuera de alineamiento con los polos espirituales y físicos de su naturaleza. El forzamiento *antinatural* de los centros síquicos, por la meditación incorrecta, los ejercicios de respiración, y otras prácticas cuestionables, *puede* desenvolverlos el hombre. Pero si esto se hace antes del momento natural de su floración, cuando debiera venir una comprensión de su uso apropiado, hay gran peligro que puede retardar el progreso del alma por vidas enteras.

Si nuestro motivo es serio y nuestra aspiración fuerte e impersonal hacia la Verdad, con el tiempo encontraremos el camino que es para nosotros esencialmente correcto, no importa los muchos pasos equivocados que podamos dar para llegar allí. Como dice Krishna en el *Gītā*: "De cualquier manera en que se me acerquen los hombres, de esa manera yo les socorro; cualquiera que sea la senda tomada por la humanidad, esa senda es la mía." En otras palabras, en la duración del tiempo, prescindiendo del camino que sigamos, en último término la divinidad dentro de nosotros se unirá con su criatura. La tarea de los más grandes auxiliadores de la humanidad, así como la de los menores, es la de acelerar este proceso ayudando al alumbramiento de las almas de los seres humanos. Esa era la misión de Sócrates: estimular las cualidades del alma de la juventud de Atenas hacia un nacimiento más completo.

El desenvolvimiento espiritual es una de las experiencias más conmovedoras que puede sentir el hombre. Sin embargo, si un individuo está buscando algún desarrollo de elevado poder, será tristemente desilusionado. El único drama real es el de su propia alma, despertándose cada ves más y más. Cuando esto pasa, su visión de la vida y de todo lo que sucede en su naturaleza interior, tanto como en el universo, se torna intensamente radiante con la plenitud del espíritu. Esto es drama de primer orden.

Como Niños Pequeños

En las Escrituras Cristianas leemos que el Maestro Jesús dijo: "Si no os volvéis y os hacéis semejantes a los niños pequeños, no entraréis en el reino de los cielos." Es una declaración tan simple que por años y años hemos dejado de darle la atención que merece.

¿A quiénes hablaba? ¿A niñitos? ¿A muchachos y muchachas? De ningún modo. Hablaba a personas mayores, a los que tenían problemas materiales y espirituales, y que habían venido al Maestro por ayuda. Él conocía sus luchas, y veía en sus caras exactamente lo que cualquiera puede ver hoy día en las caras de hombres y mujeres por dondequiera.

En tiempos de crisis llegamos a estar tan envueltos en la corriente del momento que perdemos de vista el hecho de que la situación inmediata es sólo un punto de una larga serie de situaciones, la culminación de años, tal vez de vidas. No reconociendo esto, perdemos la perspectiva y nos separamos del valor de aquellas experiencias del pasado las cuales, si fuesen comprendidas, nos ayudarían a resolver nuestro dilema. Así, cegados por la confusión, pensamos que hemos sido engañados, no sólo por otros, sino también por la vida misma. Como resultado echamos la culpa a los demás, a nuestros vecinos, colegas de negocios, tal vez hasta nuestra familia e íntimos amigos o al gobierno, al mundo, a todo, excepto a nosotros mismos. Eso es lo que Jesús debe de haber visto en los ojos de aquéllos a quienes dijo esas palabras. ¡Cuán nublada estaba la conciencia de ellos; cuántos espesos velos habían permitido ponerse entre lo que eran cuando les miró el Maestro, y lo que eran en su niñez!

Todos hemos hecho nuestras vidas más penosas de lo necesario. Por miles de años nos hemos enorgullecido de nuestra erudición, nuestro saber, nuestra comprensión de la Verdad. Y sin embargo, los guías de la raza siempre han recordado a la humanidad que la doctrina del corazón es preferible a la del ojo: el saber que es propio del corazón, la intuición, la voluntad espiritual del hombre, en vez de la erudición que es puramente intelectual y motivada por la voluntad humana. ¿Es que no podemos darnos cuenta de que los enigmas de la vida se resuelven, no por mero razonamiento, sino por la intuición; no por sentimentalismo, sino por el juicio?

Los que amamos a los niños nos sorprende y asombra a veces la pura intuición que expresan, por su lúcida percepción. Todo el mundo sabe que las preguntas más difíciles de contestar son las hechas por los pequeñitos, quienes cándidamente van directamente al corazón de los temas básicos que con frecuencia desconciertan a los filósofos del mundo. Y nunca satisfaremos a nuestros hijos sólo por el razonamiento o el sentimiento; ¡pero ved cómo centellean sus ojos cuando apelamos a su juicio e innata intuición!

¿Por qué entonces instó el Maestro a sus seguidores a que fueran como niños si querían alcanzar el reino de los Cielos? ¿Quería él que volviesen a las travesuras infantiles, y que actuaran y pensaran literalmente como niños? Naturalmente que no. Apelaba a aquella cualidad que se asemeja a la del niño. Mirémonos a nosotros mismos hoy. ¿Qué nos sucede cuando salimos de la niñez? Pasamos por la escuela, tal vez por la universidad, si somos afortunados. Empezamos a creer que aprendemos mucho. ¿Pero qué hacemos con ese saber, ya sea escolástico o práctico, religioso o científico? En muchos casos, meramente lo archivamos en nuestras mentes para posible uso más tarde. Este procedimiento continúa por años y, como resultado, cuando estamos confrontados a decisiones reales y verdaderas, cuando estamos hundidos en el remolino de las vicisitudes de la vida, ¿qué hacemos? En nuestro estado de ansiedad, y aun después de reflexionar sobriamente, tratamos de sacar de nuestro archivo mental esas cosas que pensamos que resolverán nuestro problema, sólo para descubrir que ellas no lo resuelven de ninguna manera, ni a la satisfacción nuestra ni a la de otros que puedan estar interesados.

¿Por que? Si hubiéramos almacenado el valor de cada experiencia en nuestros corazones, en la parte permanente de nuestra conciencia, entonces cuando estuviésemos cara a cara con asuntos serios, en vez de torturar la mente buscando las soluciones, descubriríamos que el corazón, habiéndose hecho cargo del problema, nos conduciría muy naturalmente a las soluciones rectas. La intuición entonces se convertiría en nuestro guía, y la mente, su servidora incondicional, el instrumento de sus mandatos, no su amo.

Pudiera parecer una tarea de las más pesadas para aquellos de nosotros que somos más viejos y que hemos cometido muchos errores, tal vez hasta muy graves para llegar a ser en un corto tiempo, como niños. Pero ello no es así. El Maestro Jesús sabía que no era demasiado difícil; de otra manera no hubiese exhortado a la gente de su época a hacer precisamente eso. Y especialmente esto es posible, una vez que un hombre ha resuelto ofrecer su vida al servicio.

Hagámonos a nosotros mismos esta simple pregunta: ¿cuál es el fundamento en la conciencia del niño que permite a su juicio e intuición actuar tan bellamente? Él es un recién llegado de otro mundo. A su tierna edad está libre de estorbos por un conocimiento de su pasado y de su porvenir, de modo que tiene una verdadera conciencia virginal con la cual prepararse para las experiencias que le esperan. Ha venido a la vida, como lo parafrasea tan gráficamente Wordsworth, "trayendo nubes de gloria."

¿Qué más de lo que tiene, trae el niño consigo? La confianza, ese fundamento auténtico sobre el cual el desarrollo espiritual del mundo ha de edificarse. ¿Qué ser humano que tenga algún amor en su corazón no puede reconocer aquella confianza absoluta en los ojos de un niño quien nuevamente contempla a un mundo y a sus padres, más grandes que él, a quienes siempre puede acudir? Pero según avanza por la vida, halla menos y menos confianza en los corazones de aquellos con quienes tiene que asociarse. Como resultado, llega a sentirse confuso, quizás hasta amargado.

¡Convertirse en niños pequeños! Hay una simple manera de efectuar esto, que ha sido siempre la misma a lo largo de las edades: ¡Hombre, conócete a ti mismo! No era nuevo aquel mandamiento para los que adoraban en el templo de Apolo, ni para los que prestaron oídos y creyeron en los oráculos de la antigua Grecia. Carece de tiempo, es tan potente hoy como cuando por primera vez fue pronunciado. El único modo por el cual podemos conocernos a nosotros mismos es el de escudriñar nuestra conciencia. Si podemos hacer esto honestamente, cesaremos de culpar a otros por nuestras desgracias. Pero estamos tan desorientados con nuestro archivo de hechos mentales, al cual estamos tan aficionados, que no podemos abrirnos paso hacia nuestros corazones, en donde residen la intuición y el auxilio. Una vez que determinemos hacer frente a nosotros mismos y tomar la plena responsabilidad de nuestras circunstancias, entonces se inclinarán los dioses a ayudar, en los momentos menos pensados, por medio de personas inesperadas, y de maneras también inesperadas. Esta es una ley inviolable y ofrece la base de la frase famosa de Hércules al carretonero: "Pon tu hombro a la rueda; los dioses auxilian a los que se ayudan a sí mismos." Hasta que no nos convirtamos en niños pequeños, nunca alcanzaremos aquel estado de conocimiento donde podamos sentir el pleno valor y auxilio de las fuerzas espirituales que protegen a la humanidad.

Poco antes de la Navidad se recibió una carta de una muchacha de diez años, haciendo unas preguntas, las cuales pareció mejor contestar cara a cara, ante ella.

Expansión de Horizontes de la Juventud

Tú ME DIRÁS, con tus propias palabras y de tu propia manera, exactamente de lo que te gustaría hablar conmigo.

Pregunta — Mi mamá dijo algo acerca de las cuatro estaciones especiales. Me gustaría saber algo más acerca de eso.

Comentario — ¿Las cuatro estaciones sagradas? Pues bien, hace siglos que se consideraba el período del comienzo de cada estación como algo sagrado, porque el Sol en ese tiempo, con relación a la Tierra, estaba en un punto definido de cambiar de una posición a otra. Por ejemplo, alrededor del 21 de marzo tenemos lo que se llama el equinoccio de primavera, y en el otoño alrededor del 21 de septiembre hay el equinoccio otoñal. La palabra significa "noche igual," porque entonces son los días y noches iguales en duración; tanto la luz del día, como la obscuridad de la noche son iguales.

EXPANSIÓN DE HORIZONTES

Cuando cambiamos de la primavera al verano, alrededor del 21 de junio, tenemos el día más largo y la noche más corta, porque el Sol está más al norte en el hemisferio norte. En este período, en pleno verano, el Sol parece estar estacionario por un día más o menos antes de emprender su tránsito al sur, otra vez. Ese es el porqué le llamamos solsticio, una palabra que significa "el Sol inmóvil." Ahora estamos a fines de diciembre cuando el otoño se convierte en invierno, y acabamos de pasar el día más corto y la noche más larga del año alrededor del 21 de diciembre. Este es el solsticio invernal, porque habiendo alcanzado el Sol su punto más lejano en el sur, parece otra vez "no moverse," antes de marchar al norte nuevamente.

Así, tú ves que los dos equinoccios y los dos solsticios son las cuatro posiciones que ocupa el Sol durante el año, en relación con la Tierra. Fue entonces cuando los antiguos reconocieron que todo el mundo siente algo diferente; por eso las llamaron estaciones sagradas. ¿Tú podrías preguntar qué hace a esos períodos ser sagrados? ¿Es solamente porque el Sol está al norte o al sur del ecuador?

En edades pasadas, porque la Tierra es parte del sistema solar, y esto se aplica también a los otros planetas, muchas personas sabían que la Tierra recibe su vida del Sol. Este es el porqué le aplicaron el nombre de Padre Sol, pues sin él nada viviría. Hoy día los científicos dicen la misma cosa, excepto que emplean términos científicos, porque nos explican que la mayor parte de la vitalidad y energía del espacio exterior nos viene a través del Sol.

Permíteme darte un ejemplo: tienes que sembrar semillas durante ciertos meses del año para que tengan una oportunidad, durante los días más largos, para que el Sol les ayude a germinar y producir luego el fruto y la cosecha. Esto puede no parecer muy importante aquí, pues está relacionado con lo que los antiguos sentían durante el cambio de las estaciones: entra una cierta calidad de energía solar que afecta a la constitución entera del hombre. Especialmente en la Navidad y Año Nuevo, una nueva fuerza, fresca, vivificante, irradia del Padre Sol en el mundo, y el hombre, que es el ser más desarrollado en la Tierra, puede aprovecharse conscientemente de ésta y ayudarse en su desenvolvimiento.

Todo esto, considerado en conjunto, es muy sagrado. Tú comprendes, dependemos completamente del Sol; y entre más entendamos lo referente a las corrientes vitales que fluyen hacia la Tierra, recordando que los antiguos creyeron que el Sol es un ser divino en su corazón, tanto como lo somos nosotros; sólo que éste es mucho más grande; lo más que podemos tratar es de vivir nuestras vidas de tal manera que nos beneficiemos a nosotros mismos y a aquéllos que nos rodean, aprovechándonos del auxilio especial del Sol en estas estaciones.

En tu carta mencionaste a tu amigo judío; sí, ellos también tienen sus días santos, tal como Rosh Hashana que es su Año Nuevo, y Hanukkah, y el Passover, y otros más, de igual manera como nosotros tenemos los nuestros en la Navidad y la Pascua de Resurrección etc. Cuando estudiamos otras religiones encontramos que hay entre los diferentes pueblos del mundo, muchas tradiciones y leyendas que están vinculadas con lo que tiene lugar en estos períodos sagrados del año.

Considera lo que se cuenta de Jesús: tenemos virtualmente el mismo relato en cada religión, acerca de cómo un niño nació en la Navidad, lo cual significa que en el solsticio invernal hubo el nacimiento de un Salvador. Ya sea que el Salvador naciera realmente en ese mismo día o no, no tiene importancia; es un hecho que retrató simbólicamente el Nuevo Testamento, que una nueva fuerza vivificante, virginal, vino al mundo, para la humanidad, en ese período del año, y coincidiendo con la vuelta del Sol hacia el norte, de nuevo, ésta tiene su propia significación particular.

Luego viene la Pascua de Resurrección después del equinoccio de la primavera, que es el tiempo cuando dice la historia que crucificaron a Jesús. Esto también es simbólico. En aquellos días, como tú aprenderás cuando estudies historia, solían castigar a los criminales clavándolos en una cruz hasta dejarles morir. Así es que los que se dice que escribieron los evangelios, emplearon la crucifixión como un símbolo. Sin embargo, muchas personas hoy día creen verdaderamente que el Maestro Jesús fue crucificado físicamente. Pero en las leyendas de los misterios de la antigüedad, se nos dice que hemos de empezar a crucificarnos nosotros mismos, es decir, deshacernos de algunos de los elementos inferiores de nuestro carácter y de nuestras propias vidas.

En el otoño tenemos la cosecha; el tiempo cuando los agricultores en los campos recogen sus producciones. Algo parecido nos sucede a nosotros. Tenemos cada año la oportunidad, si hemos cumplido con nuestro trabajo en la vida satisfactoriamente, hasta el período de la cosecha, de recoger los beneficios del bien que hemos efectuado. Así como la semilla produce el fruto, lo mismo habremos nosotros producido el fruto de nuestros propios esfuerzos meritorios; tal vez nada tangible ni exteriorizado, como dinero o alimento, sino algo de valor espiritual. Después, cuando viene el solsticio invernal de nuevo, tenemos el nacimiento de un nuevo año otra vez.

Esto está expresado muy simplemente, y sólo en parte, pues no me es posible entrar en una gran cantidad de ideas relacionadas simultáneamente, porque no quiero agobiarte. ¿Quieres decirme ahora si hay otros aspectos que yo te pueda explicar, con claridad para poner todo el cuadro completo?

Pregunta — Otra cosa que querría saber es esto. Tomaré como ejemplo al pueblo judío. Su religión está en Israel. ¿Es que hay cierto lugar donde estas enseñanzas antiguas tuvieron su principio, o es que estaban en todas partes?

Comentario — En diferentes épocas de la historia del mundo, florecieron estas grandes verdades en varios centros, por todo el globo: una vez en la India y la China, en otro tiempo en Egipto, Persia y Grecia; otras veces en la América antigua, en la Bretaña y en Europa del Norte. Esto ha continuado así por mucho tiempo, porque la edad de la Tierra y el hombre está muchísimo más lejos de ser la de unos pocos miles de años. Los cristianos creían que la Tierra tenía sólo unos 6.000 años, y que cuando la Biblia dice que fue creada en seis días, esto significó los "días" como nosotros los entendemos hoy. Por supuesto, los antiguos hebreos no pensaron así, porque sabían que sus libros sagrados fueron siempre escritos en símbolos, los cuales se habían de entender apropiadamente. Y, como tú sabes, la ciencia en la actualidad ha demostrado que la Tierra tiene millones y millones de años, y que la edad del hombre también comprende millones de años. Así, tú comprenderás que nosotros, como seres humanos hemos tenido una experiencia muy extensa en nuestro globo.

A veces hubo civilizaciones que fueron muy espirituales, y otras veces, las que perdieron contacto con estas nobles ideas llegaron a ser muy materialistas. Pero siempre que la humanidad en conjunto estuvo necesitada de más comprensión y mayor auxilio, venía un gran Maestro, a tiempo, para exponer una vez más las antiguas verdades. Y, en principio, estas enseñanzas fueron siempre las mismas.

Lastimosamente es reconocer que, siendo la naturaleza humana tal cual es, los seguidores o discípulos de estos grandes maestros muchas veces hicieron de cada nueva exposición una religión que no tenía la inspiración deseada por el Maestro. Por ejemplo, no mucho tiempo después de la muerte del Buda, los budistas hicieron una religión formal de sus verdaderas enseñanzas; los musulmanes hicieron lo mismo con el mensaje de Mahoma; el pueblo judío estableció prácticas y rituales religiosos formales, del ejemplo inspirador de Moisés, y los cristianos han hecho de las bellas enseñanzas de Jesús un credo formal. Ahora bien, ¿dónde se originaron estas antiguas verdades? Sólo podemos decir, "por todo el mundo," en un lugar diferente cada vez. ¿Te ayuda esto en algo a ti?

Pregunta — Sí, muchísimo.

Comentario — Como tú podrás comprender, el mayor problema con cualquier clase de religión es éste: cuando se sabe de algo, de lo cual recibimos una nueva comprensión, empezamos a decir, "esto es lo que andaba buscando," y pronto cerramos la mente a una nueva vislumbre de la Verdad. Eso es algo desafortunado, porque nada en todo el universo permanece lo mismo para siempre. Todo se está constantemente desarrollando, transformándose en algo mejor, inclusive el hombre. Pero cuando los seguidores de cualquier religión persisten en ceñirse a su visión particular de la Verdad, poco después ésta pierde su vitalidad; pierde su viviente inspiración y en consecuencia su utilidad. Así es que, tarde o temprano, otro Maestro tiene que venir para presentar la misma "sabiduría divina" con un nuevo ropaje.

Pregunta — Me alegro mucho de pensar de su misma manera ahora, acerca de todas estas cosas, porque asistí a la iglesia cuando era muy niña, de cinco o seis años, e insistían diciéndome todas esas cosas terribles: que si yo no era buena, entonces cuando muriera iría a este gran fuego etc. Yo estaba en realidad muy asustada. Pero no lo creía, de verdad . . .

Comentario — Ese es el problema. Es la *equivocada* interpretación de lo que han dicho los grandes maestros a lo largo de todos los siglos, lo que ha causado más perturbación en el mundo y más temor en las vidas de la gente, que cualquier otra cosa. Como resultado de mis propios estudios he llegado a creer que el Infierno y el Paraíso son estados de la mente, estados de conciencia. No hay un lugar adonde se va y en donde se le eche al fuego con azufre y donde se quema uno, como dicen. Y no hay un Paraíso que sea un lugar, con calles de oro, donde se queda uno para toda la eternidad. ¡Quién querría siempre estar andando, acá y allá, en calles de oro!

Pregunta — Yo pienso que si tuviera que estar allá arriba para siempre y por siempre, estaría aburridísima.

Comentario — Naturalmente, y se aburrirían los demás. Pero tú sabes que aquellos antiguos de que hablamos creyeron en y aceptaron la doctrina de la reencarnación. En efecto, hay hoy día muchos jóvenes que están seguros de que han vivido antes y que vivirán otra vez, y que están aquí en esta Tierra para aprender más y más. Aquí es donde entra un estudio de las enseñanzas más antiguas, porque nos dan la base de nuestra existencia: el porqué vivimos todos en la actualidad y lo que hemos de hacer a ese respecto, y adónde vamos cuando morimos. No a un lugar llamado Paraíso o Infierno, sino a tener un período de reposo, durante el cual podamos recibir los beneficios de todo lo que hemos aprendido en el curso de la vida. Y después, se nos dice que con cada regreso a la Tierra tenemos la oportunidad de avanzar un poco más en la escuela de la vida. Mientras más experiencia tengamos, más sabios llegaremos a ser y mejor podremos formar nuestro carácter, de modo que al final nosotros también seremos auxiliadores de la humanidad, ayudando a los que necesitan tal ayuda.

Pregunta — Hablando de la reencarnación; tuve una experiencia el año pasado cuando estaba en el cuarto grado. Mi maestra, se me olvida ahora el tema que ella trataba, nos dijo que algunas personas creían en la reencarnación. Pero lo sabía todo incorrecto, porque dijo que creían que cuando uno muere regresa a la Tierra en forma de un animal o como un fantasma o algo similar. Ella contó eso. Lo sabía todo equivocado.

Comentario — Sí, creo que eso está equivocado porque, en el proceso evolutivo de todos los seres vivientes, una vez que llegamos a ser un ente humano no podemos retroceder. Seremos siempre un ser humano hasta que lleguemos a ser algo más fino y mejor, como un dios, o una divinidad de algún género. Tal vez de un grado inferior al principio; después de un grado más elevado y aún más superior, hasta que algún día, en el porvenir, muchísimo distante, lleguemos a ser como un Sol, igualmente servicial como el nuestro, porque, como dije anteriormente, el Sol que nosotros *vemos* es solamente la manifestación física de una entidad espiritual sumamente evolucionada, un ente supremo, cuyo sistema solar, en su totalidad, es su vehículo de expresión.

Tú descubrirás, por supuesto, que hay muchas de estas ideas que no se ponen en contacto con los jóvenes de ambos sexos de tu escuela. Por ejemplo, muchos de ellos pensarán que tú estás loca si les hablas de la reencarnación. Tu maestra, por cierto, expresaba sólo un punto de vista parcial. No regresamos como animales, no; pero *sí* regresamos como seres humanos y con un poco más de experiencia para que podamos actuar mejor en esta vida nueva. Pero tú, con tu personalidad, nunca regresarás otra vez. ¿Me hago entender de ti en eso, verdad?

Pregunta — Por supuesto que sí.

Comentario — Pero lo que ahora está dentro de ti, que sabes que está allí, y que está usándote como su templo, como su domicilio para toda esta vida, eso regresará otra vez. Esa esencia ha vivido antes, y ha tenido muchas personalidades y muchos nombres. Es la parte inmortal, el verdadero tú, que viene para la experiencia, que te necesitaba esta vez, lo mismo que la parte verdadera de mí tenía necesidad de mi personalidad para cumplir con su obra. En la próxima vida pudiera ser que tú seas un muchacho, no podemos decirlo; todos hemos sido muchachos y muchachas. Es posible que aun pudiéramos ser los padres de nuestros padres. En otras palabras, ellos pudrían ser nuestros hijos algún día. No podemos saber, pero no necesitamos inquietarnos por ello. El Karma, la buena Ley, cuida de todo esto de una manera muy positiva.

Pregunta — ¿Permanece una familia junta? Quiero decir, ¿podría yo ser la abuela de mi padre o algo así parecido?

Comentario — Una familia puede, pero no tiene necesariamente que permanecer junta. Mucho depende de las lecciones que vinimos a esta vida a aprender y cuántas de ellas habremos aprendido cuando morimos. Pero en algún otro tiempo encontrarás otra vez a todos los que has llegado a querer ahora, excepto que posiblemente ellos no serán miembros de tu familia. No podemos saber. No podemos, ni debemos tratar de cortar la vida en pedazos con tijeras o analizarla de esa manera. De una cosa sí podemos estar seguros: cada uno de nosotros viene a este mundo con una cierta cantidad de experiencia fundamental del pasado. Nacemos en el medio ambiente que nos proporcionará las circunstancias, los problemas y dificultades que necesitamos para adelantar en nuestro desenvolvimiento. Somos atraídos a la familia que nos ofrecerá la misma calidad de amor y de exigencia que hemos merecido, y que nos ayudará a alcanzar nuestros objetivos. No debemos esperar estar juntos, con las mismas personas, todo el tiempo. Aun puede ser que no tengamos los mismos padres o parientes por una o dos, o posiblemente más vidas; pero, más tarde, ellos necesitarían alguna calidad de experiencia que nosotros tenemos para compartir, y así seremos atraídos mútuamente otra vez.

Ahora tú comprendes lo que puede suceder: consideremos a tus padres o a los míos, mientras que sus personalidades y sus nombres hayan desaparecido de este mundo. La próxima vez sí podemos tener algún contacto con ellos, pero no necesariamente en una relación familiar. Podría ser la de íntimos amigos. Será algún tipo de atracción, tal vez breve, tal vez más duradera, pues el amor y la amistad verdaderos pertenecen a la parte superior, la parte real de nosotros, y nunca perderemos lo bueno que hayamos ganado en el pasado.

Prácticamente toda persona, no importa cuánto sepa, anhela ser un poco mejor de lo que es en la actualidad. Esto es muy natural, porque hay esa chispa de Dios, esa luz del Sol, esa partecita de la Inteligencia Divina en el corazón de cada ser viviente, que se esfuerza siempre por impulsarnos a llegar a ser más y más semejantes a ella. Esto es lo que hace el observador, el Ángel de la Guarda de cada uno de nosotros . . . Sigue, ¿qué ibas a decir?

Pregunta — Hay un muchacho con quien juego de vez en cuando. Siempre parece atemorizado acerca de todo. Si se equivoca, queda paralizado del susto por lo que podría haber sucedido. También mi amiga hablaba conmigo sobre su preocupación. Estaba inquieta porque no había tenido un rato muy alegre. Sentía temor de hacer lo que deveras quería realizar por miedo a que se podía equivocar, porque para ella esta vez es su última oportunidad. Piensan que ésta es su única vida.

Comentario — Eso está expresado maravillosamente, y es lástima de que más jóvenes no tengan un concepto más amplio con respecto a la vida, en vez de ese sentimiento limitado de temor y el de ser paralizados por el susto, de que si se equivocan o hacen algo mal será el fin de todo para ellos. No te preocupes al hacer lo que debes llevar a cabo; pero cuando tus amigos te hablen de esas cosas simplemente diles que tú no crees en el Infierno ni en el fuego en que uno se quema por siempre. Diles que tú crees que nosotros tenemos más oportunidades en las cuales aprender acerca de la vida.

Si tratamos de hacer las cosas rectas recibiremos las justas soluciones, pero si hacemos las cosas malas, por supuesto sentiremos la reacción, lo mismo que se quemará el dedo si lo metemos en el fuego. Si somos de veras sinceros, sabemos en el interior cuándo hemos hecho un error, pero una vez que nos demos cuenta, no tenemos que cometer la misma falta otra vez. No, nosotros creamos nuestro propio Paraíso y nuestro propio Infierno, y no hay nadie que pueda decir en verdad que tú o yo iremos al Infierno o al Paraíso, porque hicimos esto o aquello.

La necesidad importante hoy día, para nosotros, es el tratar de eliminar ese terrible temor con el cual se nos ha condicionado. Yo lo tuve cuando era joven, y creo que es algo horroroso enseñarle a un niño a pensar de esa manera. Naturalmente, yo no estaba satisfecho con tal cruel punto de vista y persistí en hacer preguntas y en investigar hasta que descubrí lo que yo consideraba que constituían las soluciones, como tú lo estás haciendo ahora. Tú eres afortunada, porque tienes padres que

EXPANSIÓN DE HORIZONTES

no son estrechos de mentalidad y porque tienes a otros con quienes puedes discutir estas cosas.

Ahora bien, ¿hay algo más?

Pregunta — Sí, tengo otra pregunta. Se trata de otras vidas en otros planetas u otros sitios, así como Marte y Venus. Eso siempre me ha interesado.

Comentario — Permíteme exponerlo de esta manera. La buena Ley nos ha traído a la Tierra de nuevo, donde continuaremos naciendo repetidamente hasta que hayamos aprendido todo lo que nos pueda ofrecer este planeta. Cuando hayamos terminado aquí, entonces naceremos en otra parte, para aprender todo lo que se pueda en un nivel de experiencia superior, llámalo un planeta, si tú quieres.

Pregunta — Lo que es tan agradable de esto es que uno sabe que continúa adelante, en vez de tener *una sola* oportunidad y después ir a otro lugar y quedarse allí para siempre jamás.

Comentario — Eso es lo hermoso con respecto a la Verdad y a lo maravilloso acerca de la Naturaleza, y de nuestras posibilidades ilimitadas para desarrollarnos. Y no sólo eso. Después de que lleguemos al punto en que seamos un Sol, digamos, muy lejos en el futuro, y hayamos cumplido nuestra tarea bien y experimentado todo lo posible como un Sol, aún eso no es el final, porque de allí podemos ir aún más allá. Se nos dice que la Inteligencia Divina, que es el verdadero corazón del Sol, y en un sentido es la parte superior de nuestro sistema solar, se incorpora en él sólo hasta que la entidad Sol aprende todo lo que es posible aprender como Sol. Después esta Entidad Solar tiene que avanzar aún más allá (no hay un final en el desenvolvimiento), para llegar a ser después de muchas edades, lo que algunos han denominado un Sol-Rajá, que quiere decir un "sol regio," que es un Sol que rige a muchos Soles.

Pregunta — ¡Me gusta *eso*!

Comentario — Nuestro sistema solar no es el único dentro de nuestra galaxia o Vía Láctea; en efecto, existen numerosos Soles, comprendes, conectados con un Sol-Rajá. Y cuando ha llevado a cabo nuestro propio Sol todo lo que pueda en su familia de planetas, podrá llegar a ser el Sol de otro sistema más grande, uno sumamente más avanzado, hasta que llegue a ser un Sol-Rajá con muchas familias solares, como parte de su constitución.

Pregunta — Simplemente se continúa avanzando hacia adelante; nuestro Sol trae luz a la Tierra, y también hay otros Soles, superiores a éste, que . . .

Comentario . . . traen vida a nuestro Sol. Eso es cierto; así es cómo se continúa ad infinitum. Es una cadena sin fin de compartir la divina fuerza vital entre todo lo que vive en el espacio.

Pregunta — Ahora comprendo mucho más. Y la Biblia y Dios y Jesús, todo eso es exactamente como estas antiguas enseñanzas, excepto que están expresadas en forma de una historia, como por ejemplo, Dios dando vida a la Tierra y a los seres humanos.

Comentario — Eso es. Nosotros podemos, por supuesto, interpretar todas las afirmaciones de la Biblia, literalmente; pero si lo hacemos así, entonces tendríamos que creer que el mundo se hizo en seis días de veinticuatro horas cada uno, y también tendríamos que pensar que hay un Paraíso y un Infierno, todo lo cual creemos que no es exacto. Pero cuando interpretamos todo ello espiritualmente, leemos las historias de la Biblia como símbolos de las verdaderas enseñanzas con respecto a la vida, expresiones simbólicas de principios espirituales actuando en la Naturaleza, y entonces obtenemos las verdaderas interpretaciones. Cuando tú llegues a estudiar la Biblia más, tanto como las escrituras sagradas de otros pueblos, lo que tú harás algún día, comprenderás mejor cómo aplicar estos principios.

No hay un final en las posibilidades y las oportunidades de desenvolvimiento; no hay ningún final de lo que sea. El Espacio es infinito; así que hay campo para universos más allá de otros universos y galaxias y hasta más allá de galaxias. Y todos estos universos y galaxias tienen sus períodos de vida y de reposo, lo mismo que los tienen los seres humanos. Nuestro sistema solar tendrá un período de reposo en algún tiempo, cuando la totalidad de su vida y conciencia sean retiradas. Después renacerán de nuevo, y tal vez la Inteligencia Divina tras del Sol se reincorporará en un aspecto diferente al que nosotros vemos en la actualidad. Pero eso no es una cosa segura. Ahora bien, el período durante el cual está un Sol en actividad, ha sido llamado un *manvantara*, que es la palabra sánscrita para tal ciclo de manifestación, mientras que el período de reposo se llama *pralaya*. Cuando un sistema solar nace otra vez, esto será otro *manvantara* o período de vida, lo mismo que nosotros tenemos nuestras manifestaciones de vidas. De una manera limitada, nuestros días de actividad y noches de sueño son muy semejantes. Alguien ha dicho: El sueño es una pequeña muerte, y la muerte es un sueño largo. Y así es.

Pregunta — ¿No cree usted que cuando se escribió la Biblia tuvieron el objetivo de que se leyera para obtener el conocimiento? Por supuesto que algunas personas la leen literalmente, y entonces adquieren todos estos conceptos que son difíciles de entender. Supongo que todo depende de la persona que la lea.

Comentario — Los grandes maestros por sí mismos nunca escribieron nada, y eso es lo que hace el caso tan difícil. Algunas personas creen que Dios escribió la Biblia, pero Dios no la escribió. Considera el Viejo Testamento. Algún gran Maestro expresó estas enseñanzas oralmente y después alguien las escribió más tarde; y lo mismo sucedió en relación con el Nuevo Testamento. Fueron los discípulos, o posiblemente sus seguidores quienes redactaron lo que se suponía que Jesús había enseñado. Así es que cuando las enseñanzas estuvieron finalmente escritas, sólo tenemos la interpretación o entendimiento *de otros* con respecto a ellas, que no es necesariamente lo que el Maestro de veras quiso decir. Por lo tanto, cuando estudiamos las escrituras de cualquier religión, es imprescindible que tratemos de captar el espíritu detrás de las palabras de lo que fue dicho.

Cada ser humano se dará cuenta algún día de que lo que él es *dentro de sí mismo* es lo importante, y que las mejores respuestas son las que logramos por medio de nuestros propios esfuerzos. Nunca se intentó que ningún credo ni persona alguna se interpusiera entre tú y tu Padre dentro de ti; entre tú y esa chispa divina de Inteligencia, porque ésta es sagrada para ti. Igualmente, tú no debes creer en algo que yo diga si no te parece bien y si algo dentro de ti no dice: "Eso es lo que yo pienso." Si no suena así, entonces no lo creas.

Yo he apreciado tus preguntas, espero que lo que he dicho haya sido de alguna ayuda. Tal vez nosotros podamos reunirnos en otra ocasión.

Conciencia e Intuición

PREGUNTA — He estado tratando de reconciliar la idea de que para conocer algo realmente, uno tiene que experimentarlo, incluyendo el problema del Bien y del Mal. Ninguno de nosotros pasa por la vida sin cometer errores, y la experiencia sí parece aleccionarnos más rápidamente que cualquier otra cosa. Mi pregunta es ésta: ¿por qué no seguir haciendo toda clase de cosas a fin de agotar la experiencia?

Comentario — Usted quiere decir, ¿simplemente desatender los principios de lo bueno y lo malo, y dar rienda suelta a cada impulso para ganar experiencia? Usted se sorprendería de saber cuántas personas sinceras llegan a tener tal actitud, especialmente en los campos de investigación que se pueden llamar "ocultos." Pero es un concepto erróneo, y contrario a todos los instintos decentes del hombre. Mientras que es verdad que las normas generales del Bien y del Mal varían frecuentemente de acuerdo con las costumbres y condiciones de pueblos diferentes; los principios milenarios de la moralidad siempre han existido y hoy día permanecen como el fundamento del progreso. Si viviéramos sólo una vida en la Tierra, posiblemente habría alguna justificación para tal actitud. Pero cuando consideramos la perspectiva más amplia del peregrinaje del alma a través de una serie de vidas, nos damos cuenta de que tal forma de lógica podría conducir fácilmente a expresiones de conducta que están opuestas al propósito de la evolución.

Desde hace edades todos hemos estado ejerciendo nuestro libre albedrío y por lo tanto hemos puesto en marcha toda clase de causas, algunas de las cuales hemos ya encontrado como efectos, y otras más hemos de encontrar todavía. En cualquier vida particular seremos enfrentados con los tipos de oportunidades que necesitamos para formar nuestro carácter, de modo que no tenemos que apresurarnos a buscar experiencias para que se desenvuelva el alma. Nunca tenemos que crear una situación para experimentarla, nunca. Las leyes internas estarían funcionando al revés de lo normal, si éste fuera el caso. Todo el mundo sabe, por su naturaleza, la diferencia entre el Bien y el Mal, entre el seguir un impulso bueno y otro malo. Sin embargo, porque todavía somos muy imperfectos, nuestra parte humana tiende a justificar nuestros actos cuando nos desviamos de la base sana de la ética.

En tiempos antiguos nuestros antepasados no encontraron dificultad en distinguir entre lo que era bueno y por consiguiente de Dios, como decían, y lo que era malo, por tanto del Diablo. En cierto sentido hubo en su actitud una sana austeridad, la cual muy bien nosotros podríamos emular *en principio*, pues ella no tolera ninguna componenda con lo que uno sabía que era malo.

Hoy día, sin embargo, a causa del impacto de las relaciones

mundiales y de la participación más consciente con los sufrimientos de otros, hemos llegado a saber que el Bien y el Mal, mientras que son distintos y separados como productos de un fin, sin embargo se mezclan tan gradualmente el uno con el otro, que a veces nos es difícil decir dónde termina el Mal y dónde empieza el Bien; dónde termina la falsedad y dónde comienza la verdad; dónde el color blanco sigue siendo blanco, y no un gris lúgubre. Nuestra visión de los asuntos básicos ha llegado a ser borrosa, porque parecemos incapaces de fijar una línea divisoria entre lo que es bueno y lo que es malo. Por alguna razón el ancho puente de principios rectos parece haberse estrechado tanto que el hombre casi ha perdido la firmeza de su pie.

Con mucha frecuencia participamos de una manera ignorante en situaciones sin reconocimiento alguno de que hacemos mal. Sólo más tarde, cuando nos hallamos en apuros, comenzamos a reconocer que actuamos injustamente, o al menos con imprudencia. Después, si nos enfrentamos otra vez con una situación parecida podemos sacar provecho de nuestra experiencia anterior y actuar con algo más de sabiduría o podemos sucumbir a la tendencia de actuar como hicimos antes, aunque sabemos que no debemos hacerlo. Si actuamos así, entonces la voz de nuestra conciencia se despertará y dirá: "No, esto es malo." Si no prestamos oídos a ella, y a todas luces sucumbimos, allí es donde principia la batalla.

Pregunta — ¿Quiere usted decir que la conciencia de uno no funcionará si ya no hubiera experimentado una situación anteriormente?

Comentario — No puede nuestra conciencia darnos una señal de advertencia si no hubiéramos experimentado en el pasado algo que nos hiciera sufrir y por consiguiente deja una impresión de peligro en el alma, lo cual ésta trata ahora de recordar a nuestra consciencia despierta. Pero he aquí la dificultad: es verdad que el alma está obligada a aprender todas las lecciones que esta Tierra tiene para enseñar, pero eso no quiere decir que debemos deliberadamente seguir los impulsos del yo inferior material para evolucionar. Seguir tal procedimiento sería ignorar no sólo a la voz de la conciencia, sino también a la chispa divina que está tratando tan fuertemente de despertar nuestras intuiciones espirituales.

Pregunta — Podría ser que hubiera circunstancias en que nosotros tuviéramos que pasar por toda clase de cosas para aprender de ellas muy poco. Si cometiéramos un error serio, ¿no tendríamos tarde o temprano que reconocerlo como tal, antes de que recibiéramos cualquier reacción consciente?

Comentario — Si usted no aprendió la lección, su conciencia no estaría en condiciones de advertirle. Hasta que no ganemos el conocimiento y la comprensión que una experiencia exige, no aprenderemos en realidad, ni tendremos el beneficio de la guía de una reacción consciente, como usted lo llama. El simple pasar estúpidamente por una experiencia, no ayuda mucho. Tenemos que reaccionar con alguna clase de reconocimiento de lo que es bueno y de lo que es malo; pero eso no quiere decir que debemos buscar las experiencias simplemente para que nuestra conciencia nos diga en el futuro lo que no debemos hacer.

Tenemos una área extensa en donde ejercer nuestra iniciativa en los asuntos naturales que nos presenta la vida. En el alma de cada uno de nosotros hay un vasto depósito de experiencias positivas y negativas que han creado una poderosa tendencia para actuar de acuerdo con ellas; pero que pueden, en el futuro, tornarse solamente positivas si las manejamos correctamente. Es lo que hacemos ahora con esa carga de responsabilidad lo que creará, o dejará de crear, una voz de conciencia más fuerte; o, si se quiere, un vínculo más fuerte con nuestro Yo Superior. Aprendemos cuando hemos sufrido mucho; tanto es así que queremos cambiar el curso de nuestro pensar, y no seguir de la misma manera, como antes.

Pregunta — ¿Tenemos que experimentar la misma cosa que hicimos a otro? ¿Si mato a un hombre, tengo que ser matado para darme cuenta de que hice mal y de que no debo matar?

Comentario — Me alegro de que usted haya presentado eso. Es verdad que no podemos hacer a otro una cosa negativa sin que ésta no reaccione sobre nosotros. Pero eso no quiere decir que siempre opere la vieja ley Mosaica de "ojo por ojo y diente por diente," de un modo *literal*. El intento original de esa máxima es sano y básicamente es verdad, pero no tenemos que sufrir una reproducción idéntica de una experiencia. En otras palabras, es posible que no tendremos que dejarnos sacar un ojo si nosotros sacamos un ojo a otro, pero será nuestra la *calidad* de la experiencia de haber perdido un ojo. ¿Comprende usted la distinción?

Usted mata a "X" persona, digamos, en estado de cólera o con intento de maldad. Esto no indica que "X" persona está obligada a matarle a usted en alguna vida por venir. Sin embargo, usted tendrá que sufrir la calidad de agonía que usted le causó a ella cuando voluntariamente tomó la vida de ésta. Puede usted ahora, o en una próxima vida, perder la vida por accidente o por un acto deliberado de alguien, pero no sería necesariamente "X" persona que lo efectuaría; puede ser hasta algo muy impersonal, como por ejemplo, una teja que le cayera en la cabeza. Si es usted sincero y de veras deplora su acto, entonces cuando le alcance ese efecto, sentirá la reacción de la causa original, pero no necesariamente en forma física. Se mantiene en absoluto el principio de causa y efecto; pero puede su expresión cambiar del plano físico al mental o a otros planos de conciencia. Sin embargo, cada uno de nosotros tiene que encontrar la plena reacción de nuestra maldad al pasar por la calidad de sufrimientos que les causemos a otros. Todos sabemos que puede ser el dolor mental y sicológico más severo aún que el dolor físico; es posible también que la reacción de una transgresión anterior sea absuelta en un momento de intenso sufrimiento o en un instante de reconocimiento, que raramente es físico. Una vez experimentada de lleno la calidad del error pasado, la huella en la conciencia sería tan honda que la voz de ésta casi le gritaría si usted otra vez se encontrara en una situación semejante.

Pregunta — ¿Están aquéllos que deliberadamente buscan experiencias, aun cuando saben que están haciendo mal, iniciando una cadena de reacción que tarde o temprano redundará en ellos en forma de sufrimiento?

Comentario — Los que eligen deliberadamente perpetrar el Mal lo saben perfectamente. Cuando tratan con desprecio las advertencias de su conciencia están comprometiendo sus propias almas y haciendo una especie de karma totalmente distinto del que hace el que participa ignorantemente en la maldad. Aquéllos, con el tiempo, sufrirán horriblemente en su realización. El campo de las tentaciones sutiles se extiende de las simples mentiras blancas al asesinato, incluso todo tipo de gratificación.

Pregunta — ¿Pero no es bastante delicado tratar de juzgar a cualquier persona? ¿Cómo es posible averiguar qué motivaba sus acciones, y cuál era de veras el impulso que las originaba?

Comentario — Sin duda alguna, no debemos juzgar el motivo de otra persona, ni podemos evaluar su progreso por medio de nuestras normas. De aquí es donde procede todo nuestro dolor y angustia. Tendríamos que estar en su lugar antes de poder recorrer el sendero de otro. Pero sí tenemos la responsabilidad de diferenciar entre la acción buena y la mala; y es muy posible percibir el grado de la calidad del pensamiento que impulsa un acto. Mas no podemos saber el motivo interior de otros, especialmente de uno a quien, a causa de su fuerte anhelo, se habrá acarreado grandes obstáculos externos, los cuales él encuentra difícil de vencer. Recuerde usted la advertencia del antiguo sabio: "No huya del manto del mendigo, para que no le caiga sobre sus hombros"; la enseñanza de esto es que todos tenemos karma que resolver ahora y en el porvenir, y nunca podemos decir cuándo la rueda de la vida nos colocará debajo en vez de encima, o al revés.

Nos desarrollamos lentamente y la vida es tal, que atraemos lo que necesitamos, no siempre lo que queremos, todo lo cual se añade al tesoro de nuestro yo permanente. Somos individualidades muy antiguas, y nuestra experiencia se acumula mientras avanzamos; la ley de atracción y de repulsión opera con tal exactitud, con tal fineza y perfección, que la *calidad* de pensamientos y sentimientos que tenemos en cualquier curso de una vida nos traerá en el porvenir exactamente lo que el ego reencarnante necesita para perfeccionar y extender su avance hacia la escala evolutiva.

Simplemente expresado, cuando seguimos una línea de conducta que no es correcta ni está al nivel de nuestra propia norma interior, estamos retrocediendo cien veces, si nos engañamos con la idea de que "necesitamos la experiencia" para progresar. Aprendemos cuando fallamos, sí; y la experiencia del dolor da a la conciencia sabiduría y sensibilidad. Pero debemos terminar con el descenso continuo a la materialidad y ascender con el ciclo del progreso hacia la espiritualidad.

Pregunta — ¿Si nos desarrollamos por medio del sufrimiento, no tendríamos todos que pasar por tiempos muy difíciles, si queremos en la vida cambiar la creencia por el conocimiento?

Comentario — La oportunidad de transformar la creencia en el conocimiento no necesariamente tiene que ser a través del sufrimiento, sino que puede ello ser algo maravilloso. Tener la correcta actitud hacia todo lo que nos venga es maravilloso. Es por eso que yo sigo trabajando asiduamente con la idea de que no hay buen karma o mal karma; todo Karma ofrece oportunidad para la expansión del alma. Lo que hoy pudiéramos concebir como un karma espantoso, a otra persona le puede parecer justamente lo opuesto, porque esa persona tiene la correcta actitud interior, y ve los acontecimientos de su vida en perspectiva y por lo tanto los entiende.

Esto está contenido en la declaración de Krishna en el *Bhagavad-Gītā*: "Y aun aquéllos que adoran otros dioses con una fe firme, al hacerlo, involuntariamente me adoran a mí también, aunque en ignorancia." Eso no quiere decir que todo el mundo tiene que aceptar a Krishna como Dios. Lo que quiere decir es que al fin, todos encontraremos la Verdad, la Verdad universal real. Si somos sinceros atraeremos, en alguna época de la vida, la oportunidad de confirmar o negar nuestra creencia, y por consiguiente llegar más cerca a la Verdad que es Una: Krishna, Buda, Alá, o cualquier término que sea apropiado. Entonces la creencia habrá llegado a ser conocimiento.

Pregunta — ¿No tendría esta clase de pensamiento y de actuación dos objetivos? Primero, ¿el de atraer las experiencias de las correctas cualidades; y segundo, el fortalecer nuestra habilidad de actuar de acuerdo con lo que sabemos, y no sólo con lo

CONCENCIA E INTUICIÓN

que creemos? En otras palabras, en vez de gatear empezamos verdaderamente a andar.

Comentario — Sí, de caminar más firmemente, más seguramente en el verdadero sendero, porque estamos utilizando lo que la vida nos ha dado a comprender. Caminando así atraemos más potentemente aquello que nos ayuda a extender nuestras creencias y con el tiempo transformarlas en conocimiento, todo lo cual dejará su huella en nuestro carácter. Pero tenga en cuenta siempre la coloración básica que da a nuestras aspiraciones el motivo: si estamos aprendiendo y buscando la Verdad sólo para nosotros, eso es una cosa; pero si perseguimos aquella búsqueda con el fin de ser dignos miembros de la raza humana y por tanto capaces de repartir por medio del ejemplo, y no sólo por el precepto, entonces encontraremos "el conocimiento surgiendo espontáneamente" dentro de nosotros mismos.

Pregunta — Entre más se piensa en esto, más difícil es analizar dónde termina la creencia y dónde empieza el conocimiento. ¿Posiblemente lo que pensamos ser meras creencias puedan realmente ser conocimientos recordados?

Comentario — Exactamente, y usted se acordará cómo en sus *Diálogos*, Platón habla del recuerdo del alma o sea el recordar el alma su conocimiento anterior; la idea de Platón de la "reminiscencia," es el recordar el conocimiento superior que ha sido acumulado en el carácter durante vidas anteriores. Es importante estar alerta a este proceso. Es posible que sus experiencias no le darán a usted la oportunidad de confirmar sus creencias antes de la muerte; pero nada está perdido, porque usted automáticamente atraerá así las mismas condiciones y relaciones que extenderán su conocimiento actual.

Por ejemplo, ¿qué le motivó a usted en esta vida a buscar las soluciones? Tal vez fue un artículo que activó un rumbo de pensamiento totalmente nuevo; o usted se puso en contacto con un individuo quien sin esfuerzo consciente cambió su destino; o algún acontecimiento revelador se habrá conectado con su fuerza latente. Así, en el porvenir, cualquiera que sea la causa externa, gradualmente el Karma quebrará la cáscara de la inercia y le dará más y más oportunidades de alcanzar su conocimiento innato. Ninguno de nosotros llega a la madurez en un momento dado, y no me refiero sólo a la madurez física; me refiero a aquel momento de esta vida en que nos damos cuenta del pasado, y empezamos a tornarnos aliados más conscientes de nuestro verdadero yo. Esta atracción llega naturalmente, de manera que lo que somos se nos ha revelado, y entonces no sólo somos más sensibles a los gritos de la conciencia, sino que nuestra intuición, un aspecto de nuestro Yo Superior, se da a conocer innegablemente.

El conocimiento que usted trajo consigo penetrará finalmente en la consciencia del cerebro-mente. Si está allí el conocimiento y si ha abierto nuestro anhelo la puerta a éste, siempre que no nos engañemos por la ambición de saber más y más por nuestros procesos mentales solamente, entonces la intuición, la voz de nuestra conciencia superior, actuará como un instrumento operante, junto con la voz de la conciencia. Ahora bien, nuestra conciencia nunca nos dice lo que debemos hacer, a pesar de que el demonio de Sócrates le dijo a él qué hacer. La función de la conciencia es la de advertirnos cuando pasamos al otro lado de esa linea frágil del pensamiento recto y el acto honrado. Nuestra intuición no nos habla con más frecuencia porque nosotros, en nuestra ansiedad de reunir datos del cerebro-mente, sencillamente no le damos la oportunidad. Sin embargo, esta intuición no fallará en darnos una guía cuando le permitamos tener un predominio más vigoroso en nuestras vidas.

No hay nada fantástico en ello, pues cuando tenemos enfocada nuestra conciencia en la dirección correcta, con la calidad correcta de pensamiento, alcanzamos aquella vislumbre de la eternidad que permite al alma seguir su pauta natural de desenvolvimiento. Entonces, según la línea de reconocimiento entre la creencia y el conocimiento llega a ser siempre más distinta, y nuestra habilidad discernidora más clara; es muy posible que atrajéramos justamente la clase de experiencia que nos impelerá a comprometernos, total y enteramente, al beneficio de los demás.

Lo Positivo y lo Negativo del Remordimiento

Pregunta — He estado leyendo mucho últimamente, y en un libro, *Cartas Que Me han Ayudado*, por W. Q. Judge, me encontré con la siguiente afirmación: "No se arrepienta de nada." Francamente, eso me puso a pensar, porque siempre había creído que en el momento en que uno se daba cuenta de que había hecho algo malo, uno debía arrepentirse sinceramente y tratar de mejorar. ¿Qué debemos hacer para disuadir a una persona de actuar mal, si nunca se arrepiente?

Comentario — Su confusión puede venir de aislar las palabras "No se arrepienta de nada," de los pensamientos que le circundan. Hacer esto es algo muy arriesgado, porque muchas veces deforma el significado original. La esencia del pensamiento detrás de la frase es probablemente ésta: No gaste tiempo y energía preciosos en el remordimiento *inútil y vano.*

Pregunta — Bien, eso lo entiendo. Pero la declaración era sencillamente "no se arrepienta de nada" y eso me inquietaba. Estaba pensando en los pequeños acontecimientos de la vida diaria. Si yo ofendiera a alguien descuidadamente, y más tarde me diera cuenta de ello, me arrepentiría, e inmediatamente mi impulso sería el de "disculparme por mi descuido." De algún modo eso ayudaría a restablecer el sentimiento de armonía entre nosotros. Pero si no hemos de arrepentirnos de nada, ¿cómo le hacemos saber a la otra persona lo que sentimos?

Comentario — No debemos ser demasiado exigentes y literales en la aplicación de este pensamiento. Es obvio que en nuestras relaciones diarias con los demás debemos seguir las reglas naturales de cortesía y conducta. Si ofendemos a otro, o somos descuidados, claro que debemos sentirlo y si tenemos la oportunidad, lo primero que debemos hacer es decírselo y así tratar de rectificar cualquier ruptura de la armonía. Si ignoramos las reglas ordinarias de la decencia y tratamos de justificarnos con este axioma, "No se arrepienta de nada," entonces cometemos un error mucho más grande que el original. ¿Tiene usted el libro consigo? Bueno, permítame leer el párrafo completo:

¡El Pasado! ¿Qué es? Nada. ¡Ha desaparecido! Despídelo. Tú eres el pasado de ti mismo. De tal manera que no te concierne. Sólo te concierne en lo que tú eres ahora. En ti, como ahora existes, descansa *todo* el pasado. Por lo tanto sigue la máxima hindú: "No te arrepientas de nada; nunca te lamentes; y corta toda duda con la espada del conocimiento espiritual." El remordimiento produce solamente error. No me importa lo que yo *fui* ni lo que cualquier persona *fue*. Sólo busco lo que soy en cada momento. Pues como cada momento es y al mismo tiempo no es, debe comprenderse que si pensamos en el pasado, olvidamos el presente, y mientras olvidamos, los momentos se nos escapan, haciendo más pasado. Así pues, no te arrepientas de nada, ni aun de las locuras más grandes de tu vida, pues todas han desaparecido, y tú has de trabajar en el presente, que es el pasado y el futuro al mismo tiempo. Así pues, con aquel conocimiento absoluto de que todas las limitaciones tuyas son ocasionadas por tu karma, del pasado o de esta vida, y con una confianza siempre firme en el Karma, como el único juez, que será bueno o malo, como tú mismo lo hagas; puedes resistir cualquier cosa que ocurra y sentirte sereno, a pesar de los desalientos ocasionales que todos sentimos, pero que siempre la luz de la Verdad disipa.

Permítame tratar de explicar esto desde el punto de vista de la naturaleza del hombre: tan pronto como el alma humana siente remordimiento por alguna transgresión, ese sentimiento se imprime en la conciencia y desde ese momento en adelante, empieza a fortalecerla y a vigorizarla. Así el remordimiento es una etapa necesaria, pero es sólo una *etapa*. Tal mal acto posiblemente no fue hecho en esta vida, pues el elemento tiempo es el factor de menos importancia. Lo importante es la *calidad* de nuestro acto, que fue impreso con una certeza indeleble en nuestra alma, y es eso lo que nos advierte ahora, por medio de la voz de la conciencia, cuando propendemos a seguir un curso de pensamiento o de acción que debíamos de haber dejado atrás.

Pregunta — ¿No tenemos que sentir remordimiento para que trabaje nuestra conciencia?

Comentario — De nuevo, no debemos tomar demasiado literalmente cualquier declaración o regla de conducta y de ese modo pasar por alto el espíritu del pensamiento. Si juzgamos todo lo que leemos solamente por las palabras empleadas o las aplicamos fuera de contexto, estamos siendo tan dogmáticos como el ortodoxo más reaccionario. "La letra mata, pero el espíritu vivifica." Naturalmente tenemos que sentir algo, tenemos que experimentar una reacción por el mal acto, ¿de otra manera, cómo aprenderíamos? Una vez que esta reacción está registrada, entonces es el tiempo de aplicar la regla de "no se arrepienta de nada," porque de allí en adelante el remordimiento, la repetición enfadosa con respecto a nuestros errores, el estar pesarosos de nosotros mismos a causa de los errores que hemos cometido, sólo producirá más pesar. Aprendamos la lección; después, sigamos utilizando nuestra energía para fortalecer otros aspectos de nuestra naturaleza e imprimir las actitudes correctas de pensamiento y de sentimiento en nuestra conciencia para que podamos construir en vez de destruir.

Para mejor comprender este concepto del no remordimiento hemos de contemplarlo desde el punto de vista de muchas vidas. En efecto, debemos alargar nuestra perspectiva para que abarque la gama completa de nuestras experiencias desde el período del Paraíso Terrenal en adelante, desde el momento en que llegamos a ser hombres y mujeres individuales, con consciencia de sí mismos y libre albedrío, para escoger qué hacer con nuestro conocimiento recientemente adquirido del Bien y del Mal.

Pregunta — Bien, si usted quiere regresar al tiempo del Paraíso Terrenal, ¿cuántos miles o millones de años habrá?; ¡yo supongo que hemos hecho toda clase de cosas que no deberíamos haber hecho! ¿Supone usted que sentimos remordimiento allá , hace tantos años?

Comentario — Tan pronto como comprendimos que estábamos haciendo algo malo, ojalá que nuestra conciencia nos atormentara lo suficientemente para hacernos querer cambiar nuestra actuación. Pero probablemente la mayoría de nosotros hemos repetido los mismos errores muchas veces. Sin embargo,

LO POSITIVO Y LO NEGATIVO DEL REMORDIMIENTO

esos errores una vez reconocidos, lejos de hacernos retroceder, se hicieron escalones hacia el buen éxito futuro. El acto físico no tiene ni la mitad de la importancia que tiene la calidad de la conciencia que lo motiva. Cámbiese la calidad de nuestro pensar y nuestro sentir, y la calidad de nuestros actos cambiará inevitablemente.

Pregunta — Dado el caso de que se haga algo realmente malo, y a la vez no se dé cuenta uno de cuán serio es, pero más tarde se despierta uno con un choque y se siente terriblemente inconforme. ¿Es posible borrar ese hecho por medio de un arrepentimiento sincero? ¿Existe tal cosa como el de "habernos perdonado nuestros pecados"? quiero decir, si uno está actuando completamente en serio y quiere muchísimo reparar el mal hecho, ¿se puede borrar el error por medio del remordimiento?

Comentario — Una vez hecha una acción, no es posible deshacerla; no importarán nada todas las lágrimas, lamentaciones, arrepentimientos, en el registro de la vida de débitos y créditos. Por mucho que nos despertemos más tarde, no podremos deshacernos de lo pasado. Lo que está hecho, hecho está; y la acción, cualquiera que sea su calidad, tendrá inevitablemente, como el día sigue a la noche, su reacción correspondiente. No hay nada cruel ni arbitrario en esto. Simplemente es que la ley de la Naturaleza es inexorablemente equitativa; vista a la luz del desarrollo del alma, es inmensurablemente compasiva. Pues es por medio de la reacción que desarrollamos, del dolor llegamos a ser fuertes interiormente, y así podemos expresar con más amplitud la calidad de la chispa divina que está en el corazón de cada uno de nosotros.

Así que no hemos de sentirnos descorazonados: el mismo reconocimiento, por muy tarde que venga, producirá en nuestro carácter su mágica transmutación. Cuando llegue el tiempo de enfrentarnos a la reacción de nuestro error, habremos fortalecido tanto las fibras de nuestra naturaleza, que seremos capaces de enfrentar cualesquier efectos que se presenten, con valor y con una perspectiva nueva.

Pregunta — ¿No podemos escapar nunca del "encadenamiento" del Karma? Si yo hago algo malo y ello me remuerde más tarde, ¿retornará el hecho muchas veces, causa y efecto, causa y efecto, con cada nuevo efecto produciendo una causa nueva, encadenándome en su efecto, del cual no puedo nunca escaparme?

Comentario — Esa es una concepción totalmente errónea. Esta "Ley de Compensación," como la denominó Emerson, la ley del equilibrio, no es un círculo despiadado de causa y efecto sin esperanza alguna de librarse uno de la "Rueda de la Existencia," como la llaman los hindúes. En verdad, es parecido a una rueda en que las causas puestas en movimiento han, lo mismo que una rueda gira, de retornar hacia nosotros como efectos. Pero la vida no es un círculo cerrado, el modelo evolutivo es espiral, y en cada giro hay oportunidad de moverse hacia arriba o hacia abajo, en esa espiral.

Una vez que una acción ha causado la reacción correspondiente, una vez que una causa ha manifestado su efecto, esa causa originaria está muerta, cesa de ser, a no ser de que, por una actitud incorrecta en cuanto a su efecto, *nosotros le demos nueva vida* y la forcemos a hacer una nueva causa para una futura reacción sobre nosotros. Todo depende de cómo enfrentemos los efectos. Eso es lo que muchos no se dan cuenta, porque tienen la idea tan firmemente arraigada de que, puesto que cada causa tiene su efecto, ese mismo efecto ha de tener una vida propia, aparte de la que le damos por nuestras reacciones hacia ella. La tragedia es que muchos de nosotros permitimos que eso suceda porque no tenemos el valor de enfrentar nuestro karma diario, cara a cara, según se presenta. Así, a causa de nuestra propia irresolución nos entrampamos más, dando nueva vida a aquellos efectos que, en verdad, sí engendran futuras causas, las cuales otra vez tendremos que enfrentar como efectos hasta que hayamos aprendido la lección de la experiencia particular. Es nuestra actitud hacia los efectos de nuestro karma lo que engendra nuevas causas para nuevos efectos, nada más.

Así es que nos toca a nosotros evitar el "remordimiento innecesario" y cortar las dudas con respecto a nuestra verdadera fuerza, con la espada del conocimiento espiritual. El pasado ha desaparecido; el presente *es*; y puesto que el futuro es el fruto de nuestras acciones actuales, lo que hacemos *ahora* es de la mayor importancia. Podemos ver cuán perjudicial es para el alma el gastar tiempo y energía en el remordimiento vano e infructuoso; pues en vez de alinear nuestras fuerzas al lado del crecimiento, demoramos nuestro progreso, no haciendo bien ni a nosotros ni a los demás. Una vez que está claro el reconocimiento del Mal, y está visto el rumbo debido, entonces démosle la cara al sol y marchemos hacia adelante, al futuro. De esta manera tendremos la fuerza y tal vez un poco de sabiduría con qué hacer frente a los efectos de causas innumerables que hemos puestos en marcha durante el pasado.

Pregunta — Yo supongo que no hemos hecho sólo mal karma. ¿No hemos hecho algún buen karma también?

Comentario — Por supuesto. La existencia continua del hombre a lo largo de las edades es en sí, un testimonio de su divinidad, y de la receptividad de su alma a los impulsos divinos. Pero el Karma no es ni bueno ni malo, es estrictamente impersonal, la obra impersonal de la ley del equilibrio, que se manifiesta como la atracción y la repulsión, como amor y odio, causa y efecto. Tanto el sol como la lluvia, brilla o cae sobre los justos y los pecadores, calentando y alimentando el alma en su ascenso. Enfrentarse a los efectos de nuestro pensar y sentir del pasado, nuestra actuación y resolución, no es por consiguiente ni bueno ni malo; es todo *oportunidad*, una oportunidad maravillosa para experimentar y crecer.

Pregunta — Todavía pienso en esa frase: no se arrepienta de nada. ¿Usted supone que se nos advierte, no sentir remordimiento, para evitar el peligro de sumergirnos en remordimientos de cosas que nos han sucedido, que llegamos a estar ciegos por la misma causa de nuestra dificultad?

Comentario — Todo tiene dos aspectos; y desde un punto de vista, el hecho de que sintamos remordimiento muestra dónde está nuestra fidelidad; pues si a menos de que nos sintamos responsables con respecto a nuestros errores, es seguro de que no estaríamos en el camino superior. Es el detenerse abajo, en el cieno del pesar, es lo que se nos advierte, pues un arrepentimiento malsano está en oposición al propósito de la Naturaleza. Además, hay una especie de remordimiento que no es nada más que el empeñarse en sentir lástima de las penas de sí mismo, cuando se siente terriblemente incómodo acerca de los errores, lo cual se convierte en una obsesión. Esto es sumamente peligroso, porque tal estado de depresión puede hacerse un hábito y, si no se refrena, puede conducir a una especie de gratificación excesiva para con uno mismo, lo cual es el primer paso para el desequilibrio mental.

Esta es una razón del porqué no debemos perder energía espiritual conservando el remordimiento. Todos estamos expuestos a errar de continuo, equivocarnos en nuestro criterio y aun en los motivos. Pero eso no es nada para alarmarse. Es todo parte de la evolución. ¿Si nunca hubiéramos cometido un error, si nunca hubiéramos tenido que afrontar y dominar la tentación, cuán fuerte seríamos? Cuando hacemos el mal, la Naturaleza reacciona compasivamente y sufrimos de conformidad. "Hasta el oro ha de ser probado por el fuego, así como el corazón ha de ser probado por la pena."

Pregunta — ¿Puedo hacer una pregunta aquí? Es muy sencilla, pero es importante para mí. ¿Cómo aprendemos? Realmente, poner los principios éticos en práctica parece ser muy difícil. ¿Cómo podemos tener la seguridad de que no nos engañamos en pensar que somos espirituales, cuando es muy posible que estemos en verdad muy concentrados en nosotros mismos?

Comentario — Esa es una pregunta muy práctica. La realización espiritual se efectúa tan naturalmente como la noche se convierte en el alba. Es el resultado inevitable del pensamiento recto y la actuación recta, no forzado por métodos inflexibles, contranaturales, sino la consecuencia del cumplimiento fiel de nuestro deber. La clave mágica del verdadero progreso es el *vivir*, no en uno o dos momentos dramáticos, sino durante todas las veinticuatro horas de cada día. Aprendemos tanto de nuestros buenos éxitos como de nuestros fracasos. Frecuentemente los fracasos resultan ser nuestras mayores bendiciones, porque nos llevan fuera de nuestra complacencia. Por lo tanto no se arrepienta nunca de los fracasos, puesto que ellos infunden la Verdad hondamente en el alma.

Es la acción recíproca de la acción y la reacción, de la obra natural de la ley del equilibrio, de vida en vida, la que nos hace lo que somos hoy. Somos en el presente la totalidad de nuestro pasado, y la parte inmortal nuestra, el elemento reencarnante, está hoy tratando de hacer uso de las mismas circunstancias de nuestras asociaciones y medio ambiente para ayudarnos a aprender las lecciones que nos hacen falta. El tal llamado buen karma es muchas veces mucho más difícil de manejar, aunque parezca extraño decirlo, que el llamado mal karma. Cuando tenemos circunstancias desagradables que confrontar, naturalmente nos probamos a nosotros mismos para ver en qué pudiéramos haber fallado, o en dónde puede nuestro carácter necesitar fortalecimiento; y mientras más penoso es el karma, más vivamente definida será aquella cualidad que necesita corrección. Si la afrontamos con fortaleza e inteligencia, es posible hacer un verdadero progreso. Pero cuando el karma es agradable, con demasiada frecuencia lo damos por hecho y disminuimos la vigilancia, tendiendo a dejar correr nuestras actitudes y anhelos. No es extraño que el Maestro Jesús dijera a sus discípulos: "Es más fácil para un camello pasar por el ojo de una aguja, que un hombre rico entrar en el reino de Dios." Y no señalaba solamente las riquezas de esta Tierra; él trataba de advertirnos de la necesidad de tener cuidado por todo el sendero, estrecho y angosto.

Es por eso que estamos aquí en la Tierra, para que con esperanza aprendamos cómo leer los avisos de la escritura no revelada de nuestras experiencias diarias y comprender lo que el Yo Superior está señalándonos para llevar a cabo. A medida de que logremos hacer esto, la Divinidad en el centro de nuestro ser encontrará la oportunidad de florecer más ampliamente en nuestras vidas y compartiremos mejor con nuestros prójimos aquello que hemos legítimamente merecido.

¿Carbón o Diamante?

Como muchacho originario de Pennsylvania, yo estaba orgulloso de que mi estado natal podía ufanarse de tener una de las mayores selvas que la tierra había conocido. No importaba que hubieran desaparecido; el hecho de que una vez estuvieron presentes era bastante maravilloso para mí. Por supuesto, florecieron hace millones de años, en alguna Edad Carbonífera; pero me conmovió comprender que el bióxido de carbono que habían absorbido aquellos árboles hace tanto tiempo, bajo la presión de la tierra, rocas y el tiempo había ido, poco a poco, metamorfoseándose en carbón.

Aun en aquel tiempo me pareció obvio que nada muere en realidad. Las cosas cambiaban sus formas, pero la energía que les hiciera vivir sencillamente se fue a otra parte. Por todo lo que sabía, la fuerza que en otro tiempo había hecho correr la savia por los pinos pudiera todavía estar en derredor, tal vez haciendo verde a nuestras actuales selvas, mientras que, bajo tierra, sus troncos ancestrales, ya transformados, se habían hecho un medio de subsistencia para miles de personas. Hace generaciones que los mineros han estado excavando el carbón, los taladradores bombeando el petróleo crudo de los yacimientos, y los geólogos recogiendo esmeradamente fósiles de plantas y animales, mientras que, a lo largo de los ríos y valles, nosotros los muchachos, buscábamos puntas de flecha y hachas de guerra dejados por nuestros predecesores, los indígenas.

Mineral, planta, animal y ser humano, cuatro reinos de la Naturaleza, todos estrechamente relacionados entre sí; pero cada uno desenvolviéndose dentro de su propio ciclo de vida, de nacimiento, desarrollo y muerte. Aquí las coníferas y helechos habían recogido su substancia del suelo y del aire, y ahora después de períodos tremendos estaban devolviéndola como carbón, grafito, gas y petróleo, para calentar nuestras casas, suplir nuestro grafito de lápiz, cocinar nuestros alimentos y abastecer de combustible a los hornos de la industria. Carbón acumulado en su forma elemental, uno de los minerales más blandos y opacos. Sin embargo, con no más que una pequeña diferencia de estructura interna, forjada por la presión acumulada de las edades, produce puro carbón todavía, pero ahora en forma cristalina, el más duro de los minerales, el más hermoso y transparente: un diamante multifacético.

Uno en esencia, distinto en cuerpo, así es el universo; después de todo, desde el mineral hasta la estrella, todo es de la misma materia básica. Es sencillamente asunto de ver lo que se hace con la "materia"; cómo están arregladas o combinadas sus partículas, para formar en una etapa determinada una maleza, en otra, una piedra o un hombre; o por otra parte, un Sol. La estabilidad y versatilidad de la fuerza vital: nunca he perdido ese relámpago juvenil de convicción. Hay una fraternidad que abraza todo el cosmos, no sólo a los seres humanos sino a todo, desde el electrón a la nebulosa. Y todos los pueblos del globo son literalmente una sola familia, que ni el color de la piel, ni los idiomas que emplean pueden hacer o deshacer ese hecho. *Somos todos uno*: químicamente, formados de materia estelar difundida por el cosmos; espiritualmente, dotados con la llama de un elemento divino que enciende cada punto del espacio en una unidad en desenvolvimiento.

¿Si de veras hay "una Divinidad que forja nuestro destino," cómo entonces tomar en cuenta las enfermedades de nuestro tiempo? En casi toda actitud que tomamos, hay trastorno, desaliento, y una trágica debilidad de espíritu. ¿Por qué esto es así, cuando nunca antes hemos tenido oportunidades tan magníficas para el desenvolvimiento? ¿Estamos en realidad tomando el rumbo del desastre? ¿O es que hay algún aspecto que hemos desatendido a causa de nuestra preocupación por el lado sombrío de los asuntos humanos?

"Donde la noche es más oscura, allí brillan las estrellas con mayor claridad." El antiguo proverbio español nunca ha sido aplicado tan exactamente como en este caso. Tal vez hayamos crecido demasiado rápidamente. La exploración del espacio externo de repente ha hecho caer sobre nosotros una serie entera de problemas nuevos que para manejarlos todos de una vez, nos encontramos mal preparados. Nos vemos forzados a tomar la responsabilidad de una edad adulta superior, y no hemos todavía reconocido de lleno, mucho menos aceptado el reto. Pero estamos aprendiendo rápidamente y bien. El mismo trastorno tan universalmente sentido es señal de un fuerte movimiento interior, la lucha del alma de la humanidad, en el proceso de salir de una crisálida inservible.

Claro que tenemos problemas, y serios, pero yo tengo tanto en menos la buhonería de los profetas de la ruina, como los adictos a la paz mental que almibaran cada dificultad. Tengamos un realismo del espíritu que no tema afrontar la vida tal como es. Si quisiéramos andar al paso con los científicos, como ellos lanzan sus sondas, debemos estar sondeando los alcances del espacio interior dentro del corazón del hombre, que es su vínculo con la divina inspiración que dio origen al cosmos.

Puede ser que nosotros parezcamos un poco más que animales desarrollados; pero, con un poco más de tiempo y de paciencia comprensiva, encontraremos nuestras alas y descubriremos que ningún poder en el universo es más poderoso que la divina esencia infundida dentro de nosotros. Mental y espiritualmente somos deveras gigantes en embrión, mútuamente iguales en potencia con la gran Inteligencia que anima las galaxias y los Soles. Este es el realismo que resultará mucho más dinámico que el llamado realismo de las mentes negativas.

Desechemos la ansiedad excesiva y la duda. Nunca logró alguien nada por sentir lástima de sí mismo, o al deprimir su capacidad inherente de triunfo. Es cierto que no podemos hacer desaparecer el mal, rezando para alejarlo sólo para que podamos negar que las enfermedades, la aflicción y la muerte son parte de la experiencia humana. Pero la salud, la alegría y el desarrollo son también parte del vivir. Visto desde la serie de sucesos externos, las vidas de muchas personas parecerían ser un fracaso; pero, visto por los ojos de nuestro Yo Superior, no puede haber fracaso. Aunque perdamos muchas batallas, el Guerrero inmortal interior es invencible y nos conducirá muchas veces al campo del esfuerzo humano hasta que la plena victoria sea nuestra.

Si de veras penetra la Inteligencia Divina cada partícula del Infinito, entonces cada ser humano particular tiene a su disposición todo el poder e iniciativa creadora para cooperar con Ella y sus elementos constructivos en la Naturaleza. Es posible que tengamos mucho del carbón y del petróleo crudo en nuestro carácter; pero tenemos también la potencialidad de un diamante. Es por eso que los budistas, especialmente en el Tíbet, hablaron del Señor Buda como el "corazón-diamante," cuyo ser completo había, mediante la presión de las edades y la intensidad de la experiencia, sido transformado en la pureza y firmeza del diamante. Del más opaco en calidad, llegó Gautama, por el crisol de la prueba, a ser el más translúcido: tan perfecto reflector de la Luz interior como del sufrimiento del hombre en lo exterior. Un ejemplar de la compasión en realidad de verdad, porque tan adiamantado en voluntad y propósito, y sin embargo tan sensible al lamento del corazón del mundo, que rehusó la gloria de la Omnisciencia para poder retornar a la Tierra y compartir con toda la humanidad el resplandor de su triunfo.

Carbón o diamante, nosotros también somos compuestos de ambos.

Las Seis Gloriosas Virtudes del Budismo — I

P<small>REGUNTA</small> — Usted muchas veces ha dicho que las verdades más profundas son las más sencillas y que forman la columna vertebral de todas las grandes religiones. He pensado mucho en eso. Recientemente encontré un pequeño libro, *The Voice of the Silence* (La Voz del Silencio), que catalogó las "seis gloriosas virtudes." Me interesan esas ideas, y quisiera saber más con respecto a ellas.

Comentario — Yo entiendo que usted se refiere a las Pāramitās de la literatura budista. Por lo general son citados como seis, aunque a veces siete y aun hasta diez, pero el número no tiene mucha importancia. Creo que el tratarlos extensamente nos llevará demasiado lejos del tema, pero con mucho gusto podemos tratarlos.

Cada gran religión incluye preceptos o exhortaciones hacia una vida mejor. En el budismo las Pāramitās son una serie de

"Virtudes" que describen calidades de pensamiento y de actuación las cuales, si fuesen hechas parte de la vida de uno, revelarían los misterios del universo y del hombre. También se ha dicho que su práctica de parte del aspirante sincero conduciría finalmente a la iluminación completa. En otras palabras, las Pāramitās, verdaderamente vividos, señalan el camino a la percepción directa de la Verdad. Se podría decir lo mismo de cualquier grupo de cualidades o virtudes. Si nosotros *viviéramos* el único mandamiento de Jesús, conseguiríamos el mismo resultado, pues el perfecto amor trae la perfecta comprensión.

Pregunta — Todo esto es nuevo para mí, pues no soy conocedor de la religión budista. ¿Le sería posible a usted explicar el significado de cada una de esas Virtudes?

Comentario — Sí, pero omitiremos el uso de las palabras sánscritas, a menos de que durante la discusión parezca aconsejable analizar algún término en particular. Traducidos al español las Pāramitās son como sigue:

1. *Caridad* — La llave de la caridad y el amor inmortal;
2. *Rectitud* — La llave de la armonía en palabra y acto;
3. *Paciencia* — La dulce paciencia, que nada puede desordenar;
4. *Desapasionado* — La indiferencia al placer y al dolor;
5. *Intrepidez* — La energía intrépida que lucha a su paso por la Verdad Suprema;
6. *Contemplación* — La puerta abierta hacia la Verdad.

Debo advertir que se tiene como de principal importancia el servicio a la humanidad: "Vivir para beneficiar a la humanidad es el primer paso. Practicar las seis gloriosas Virtudes es el segundo."

LAS SEIS GLORIOSAS VIRTUDES DEL BUDISMO — I

Pregunta — Personalmente, no veo ningún valor especial en estas cosas. ¿Podemos decir que ha encontrado el budista la Verdad en un grado superior al cristiano o al hebreo? Lo que quiero decir es: estas virtudes suenan bien, pero confieso que me dejan tan indiferente como los Diez Mandamientos; tal vez porque no veo que le conduzcan a uno más cerca *del vivir* que cualquier otra cosa.

Comentario — Usted tiene razón en que, mientras cualquier grupo de reglas o códigos de conducta sean no más que una fórmula, están muertos; no importa que sean los Diez Mandamientos, las seis o diez Pāramitās, o el único sublime requisito de Cristo. Es sólo cuando nos ayuda a canalizar nuestras aspiraciones que un sistema o código llega a ser un puente hacia una comprensión más amplia de la existencia.

Una de las cosas más difíciles que tiene que aprender cualquiera de nosotros es la relación directa y práctica entre estos principios éticos y la comprensión intelectual de las leyes que gobiernan la vida interna y externa del hombre y la vida interna y externa del universo. Si fuese posible escribir la historia del alma, tal vez se vería que la lucha mayor a través de edades innumerables es aquélla entre el deseo por el conocimiento de una parte, y por la otra, el anhelo del alma por la sabiduría. El intelecto es muy importante, pero no es el factor principal en el desenvolvimiento del hombre. La experiencia de cada aspirante demuestra que tan pronto se alcanza un buen grado de capacidad intelectual, la tentación es de dejarse fascinar por las complicaciones misteriosas que le presenta el universo, instrumento más fino y exquisito de precisión que le hace perder de vista la verdadera meta del alma: el trabajo consciente con la divinidad interior para servir a la humanidad.

En otras palabras, la práctica de las Virtudes indispensables para alcanzar la verdad toma con demasiada frecuencia un segundo lugar para darle campo a la adquisición intelectual de datos, y más datos, una avenida que conduce a la esterilidad espiritual.

Pregunta — Puedo apreciar esto, pues siempre he sido un escéptico sobre todo acercamiento a un adiestramiento especial. ¿Tienen estas Virtudes algo que ver con el siquismo?

Comentario — De ninguna manera. Cualquier sistema o método de "adiestramiento" que toca aun remotamente a lo síquico tiende a alejar el alma de la Verdad. Hay en la actualidad una persecución excesiva por esta clase de experiencia. Muchas personas piensan que se están volviendo espirituales por jugar con estas llamadas "artes ocultas," pero lo que están haciendo en realidad es impedir su propio desarrollo. El verdadero ocultismo es el altruismo en sí mismo, y no tiene nada que ver con el siquismo. Las Pāramitās dan énfasis al desarrollo de las cualidades *espirituales* de nuestra naturaleza en contraposición con lo síquico y lo puramente mental; así están directamente vinculados en su parte íntegra con aquel impulso de cada ser humano quien tiene los ojos fijos hacia la divinidad interna.

La comprensión espiritual y la sabiduría vienen solamente como el resultado natural de vivir diariamente el espíritu de estas "virtudes" o "mandamientos" o "códigos de ética," ya sean hindúes, cristianos o budistas o ya sean enumerados como uno, tres, cuatro, siete o diez. Pues es la esencia de estas fórmulas o pautas lo que es la fuerza duradera, no su vehículo externo; y son las calidades en su fondo lo que debemos considerar, y no sus formas particulares.

Pregunta — Esa es una tarea muy difícil. Por mi parte no pudría comenzar a vivir ni uno de ellos, mucho menos los seis. ¿Cómo empezar? ¿Debemos tratar de dominar primero uno, y

LAS SEIS GLORIOSAS VIRTUDES DEL BUDISMO — I

después continuar con el próximo? Temo que yo me estancaré en el primero y nunca llegaré a los demás.

Comentario — No se puede aislar ninguna de estas Virtudes ni practicarlas completamente sin poner en juego, al menos hasta cierto punto, todas las demás. La Naturaleza no funciona así; cada una contribuye a la formación de otra, y así sucesivamente todas contribuyen a la totalidad. Repetimos, no debemos fijar la atención muy estrechamente en su forma, porque entonces llegarían a ser para nosotros una cosa muerta en cuanto a su valor espiritual.

Se recordará que el primer requisito es "vivir para beneficiar a la humanidad." A aquello le llamamos el "primer paso," no el segundo, cuarto o quinto, sino el primer paso; mientras que a la práctica de las Virtudes se le llamó "el segundo paso." Esta es una diferencia de mucha significación. A medida de que reflexionemos en ello, nos daremos cuenta de que la misma aspiración de vivir para que la corriente entera de nuestra vida sea un verdadero servicio, nos preparara automáticamente a iniciar la práctica de algunas de las virtudes, si no de todas ellas. Y a medida de que orientemos nuestro pensar y nuestras vidas, veremos que estas Virtudes pueden representar una oportunidad natural de transmutar los metales comunes de nuestra naturaleza.

Consideremos la primera: *Caridad* y amor inmortal. Esta palabra caridad ha sido crasamente mal aplicada, pues en su sentido original no quería decir piedad en el sentido negativo, limitado, y hasta hiriente en que tantas veces la empleamos. Más bien denotaba un derramamiento espontáneo de comprensión y consideración para las necesidades de un hermano. Esta calidad nos toca a nosotros muy de cerca en cada relación de la vida, desde la más simple hasta la más compleja, porque el contacto con otras personas nos obliga a escoger: el tomar un paso hacia el sendero egoísta, o uno hacia el sendero altruista y compasivo. La verdadera caridad no da a conocer su intento. Cuando hagas obras de caridad, hazlas "en secreto." La práctica de la Caridad es la verdadera consideración y solidaridad hacia los demás; ella nos aleja de todo interés excesivo en nosotros mismos, y así establece una llave fundamental para todas las demás Virtudes.

Pregunta — ¿No es sencillamente la Regla de Oro en acción? ¿Y no fue San Pablo quien dijo algo respecto a que aunque hablásemos con las lenguas de los ángeles, si no tuviésemos caridad, entonces seríamos como "bronce sonante o un címbalo tintineando?"

Comentario — Así es; y toda escritura sagrada universal, si sabemos leerla, pone énfasis en esta misma perspectiva altruista.

Tanto en la primera Virtud o Pāramitā como en la segunda, *Rectitud* o "armonía en palabra y acto," se sigue naturalmente la misma línea, y nos dice de qué manera hemos de conducirnos mientras ponemos en práctica nuestra ética.

Pregunta — Esto me confunde más que la primera. "La armonía en palabra y acto"; ¿quiere decir esto que se debe siempre ceder a otros, en debate o discusión, sólo por mantener la concordia? La paz a cualquier costo ha llegado a ser un argumento grande en estos días.

Comentario — Eso no es el punto de vista que yo tomo. "La paz a pesar del costo" es a mi parecer uno de los modos menos efectivos, si no desastrosos de alcanzar la paz genuina y duradera. Pero no nos metamos aquí en cuestiones sociales o políticas, no porque les temamos, sino porque es tan fácil entrar en debates intelectuales sin resolver nada.

Volvamos a la segunda Pāramitā: La rectitud significa la armonía, pero no necesariamente el acuerdo. Hay una diferencia bastante grande, cuando pensamos en ello. No se puede producir la armonía si todos tocan la misma nota. El compositor emplea varios tonos, acordes y aun disonancias, y después los resuelve en un arreglo armonioso. Eso es lo que quiere decir sinfonía, el unir los sonidos, el armonizar unos tonos diferentes. Así que Rectitud significa el vivir de acuerdo con nuestras determinaciones superiores, y por tanto reflejar en nuestras actividades diarias una armonía en palabra y acto. En palabras simples, el vivir de tal manera que no ofendamos el equilibrio y orden de la ley natural.

La única razón porque sufrimos, ya sea mental, física o emocionalmente, es que durante algún tiempo hemos impedido el equilibrio cósmico, y causado desarmonía en una o más de sus muchas formas; y con demasiada frecuencia discordia en nuestras relaciones con otros. La Naturaleza entonces reacciona, automática e impersonalmente, y trata de reajustar el equilibrio que nosotros habíamos impedido. Por consecuencia sufrimos. Pero a medida de que lleguemos a ser más competentes, funcionando en una relación simpática con las leyes de ella, encontramos que no producimos constantemente vorágines de contienda y desorden, sino que en efecto podemos tranquilamente restablecer la armonía.

Ahora vamos a la tercera Virtud: Paciencia. No cuesta mucho darse cuenta de que con un tanto más de paciencia en el mundo ayudaría bastante. Como queda dicho, no podemos ver estas Pāramitās como una serie progresiva de escalones, como los barrotes de una escalera de mano. En un sentido, sí siguen el uno al otro naturalmente, pero no sería posible practicar uno en grado alguno sin practicar, hasta cierto punto, los demás.

En cuanto a la necesidad de la paciencia: otra vez, esto tiene dos filos en su aplicación. Tenemos que aprender el discernimiento aquí, tanto como en otros campos de esfuerzo. "La paciencia es una virtud," que ha sido machacada en nuestros oídos desde la niñez. Es indudablemente una virtud, y una muy necesaria, pero todos sabemos que hay ocasiones en que la prudencia aconseja que no dejemos que otros abusen de nosotros.

Veo que no podremos tratar todas las Pāramitās; así que permitidme revisar los otros, rápidamente para mostrar cómo todos se ajustan:

4. *Desapasionado* — La indiferencia al placer y al dolor;
5. *Intrepidez* — La energía intrépida que lucha por la Verdad;
6. *Contemplación* — El estar enteramente absorto en el medio ambiente de nuestro esfuerzo.

Todos conducen a la *Percepción Directa o Conocimiento del Yo*. Esto resume brevemente las Pāramitās. Debo repetir que todo ello no significa nada en absoluto, si no aplicamos la calidad esencial de estas Virtudes. Si la fuerza espiritual indispensable no corre en y por medio de cada pensamiento y acto y sentimiento de nuestras vidas, ellas son de veras como címbalos tintineando, y como bronce sonante.

Es posible saber todos los términos sánscritos, poder definir sus significados en su raíz, entender intelectualmente el *modus operandi* de la iluminación espiritual, o creer que los entendemos; pero cuando la Vida de pronto acepta nuestra palabra y nos dice "probad el valor de estas Virtudes en vuestras experiencias diarias," fracasaremos totalmente si no hemos hecho de sus cualidades interiores una parte de nuestra propia alma.

Pregunta — Parece fácil resolver todo esto primorosamente al nivel de una conversación, pero realmente vivir y actuar sin esperar resultados, sin tratar de ver los frutos de nuestros actos, es enteramente otra cosa. Al seguir infatigablemente este curso, nos encontraríamos en un filo agudo entre la acción y el motivo. En suma, *vivirlo* en el plano de la experiencia diaria es otra cosa, a lo menos para mí lo es.

Comentario — He aquí dónde está la gran hermosura de todo esto. Si fuese fácil no le haríamos caso. Pero no es fácil; sin embargo, con todo y eso es maravillosamente sencillo. Aquí es dónde se encuentra la paradoja. Es algo formidable saber que no llegarán a ser nuestras las verdades que todos anhelamos hasta que no empecemos, en efecto, a poner en práctica algunas de estas Virtudes básicas, no sólo los domingos o los miércoles, sino a toda hora de cada día. Todos hemos pensado en esto y por qué es así; pero mientras más las incorporemos en nuestra consciencia activa, más se nos confirmará que no pueden funcionar de ningún otro modo. Pues los secretos de la Naturaleza no se dan al azar, sino sólo después de la preparación y la disciplina indispensables. Como lo parafraseó un gran guía: "Es el que tenga el amor para la humanidad en su corazón, el que será capaz de entender cabalmente la idea de una fraternidad práctica regeneradora, quien tiene el derecho de poseer los secretos de la Naturaleza. Él únicamente, un hombre tal, no abusará nunca de sus poderes, pues no habrá temor de que los aplique a finalidades egoístas."

Los secretos de la Naturaleza no son como tales, ocultos, sino que son una manera de vivir que no se divulgará hasta que no cumplamos con la verdadera misión del alma, la del servicio aquí en el mundo.

Las Seis Gloriosas Virtudes del Budismo — II

Pregunta — ¿Es posible considerar la cuarta Pāramitā que denominó usted "indiferencia al placer y al dolor?" Yo he pensado en ello, pero no puedo ver la lógica en hacerse indiferente. Por supuesto, si queremos todos hacernos ermitaños, esto es cosa distinta; pero yo siempre he sentido que debemos mantenernos más o menos enterados de todo, si queremos comprender los problemas de nuestros prójimos. ¿Por qué debemos tratar de escaparnos del placer o del dolor?

Comentario — Es cierto que no queremos librarnos de nuestras responsabilidades para hacernos ermitaños y buscar una pronta salvación para nosotros mismos. Eso está muy lejos de ser la finalidad del aspirante genuino. En realidad no debemos tratar de librarnos de ninguna cosa, mucho menos de los problemas que traen el placer y el dolor. Eso sería escapismo puro y sencillo, y de la clase más egoísta. No obstante, suponiendo que lográsemos hacerlo por algún tiempo, no podríamos huir por mucho tiempo, pues los "pares de opuestos," calor y frío, noche y día, placer y dolor, norte y sur, son propios de la Naturaleza.

Permítame leer la definición completa de esta cuarta Virtud: *Desapasionado*. "La indiferencia al placer y al dolor, la ilusión superada, sólo por la Verdad percibida." Cuando veamos las cosas como realmente son, no como parecen ser, entonces será percibida la verdad de un acontecimiento.

Pregunta — Definiría usted la palabra *indiferencia*? Parece de importancia llegar a significados básicos.

Comentario — Veamos lo que dice el diccionario: "*indiferencia*: exención de la pasión; *indiferente*: libre de pasión; moderado; tranquilo, imparcial; sinónimos: templado, sosegado, sereno, calmado." Una definición excelente a mi parecer. Podemos entonces decir que la indiferencia es la cualidad de contemplar cualquier acontecimiento o condición de la vida con un ojo imparcial, por lo tanto con claridad de visión, porque los oscurecimientos de la pasión o de la ilusión, ya sean de un exceso de exaltación o de depresión, se han dispersado.

Así, esta cuarta Virtud no aboga por *escaparse* de los pares de opuestos; sino más bien por la práctica de una indiferencia calmada, hacia los *efectos* en nosotros mismos del placer o del dolor, para poder así hacer frente con ecuanimidad a cualesquier apuros que la vida nos haya reservado.

Pregunta — ¿No sería la existencia algo monótona si nunca experimentásemos tales extremos? ¿Qué sería del individuo intensamente sensible? Un día estaría allá en las nubes del éxtasis, y al siguiente día, hundido en la desesperación. Sin embargo, está *viviendo*, no experimentando una vida indeterminada, sin júbilo ni pena.

Comentario — Puedo asegurarle que no hay nada indeterminado en el esfuerzo de poner en práctica esta Virtud en particular. Como lo expresara un ingenioso: Puede ser que sea una escuela para niños, pero sólo un hombre puede pasar por ella. Trate por una sola semana de hacerle frente a cada acontecimiento, desde la mañana hasta la noche, con ecuanimidad, para convencerse si cuesta o no mucha fuerza moral mantener el esfuerzo. Claro que en cada clase social hay gente tan poco susceptible que no siente nada, y más aún, que no le importa un bledo los sufrimientos de las demás. Afortunadamente son una minoría. Por supuesto, nosotros no debemos juzgar la sensibilidad interior de otro, por muy tosca o aparentemente insensible que sea su personalidad.

Por otro lado hay individuos, y también genios, que sienten todo con una intensa agudeza. Aunque no soy defensor de la vida irregular de muchos de los genios, sin embargo el mundo sería el perdedor si algunos de ellos no hubieran tenido esos momentos de clara visión y de que no hubiesen tratado de traer a su propia manera el recuerdo de "sólo la Verdad percibida." Pero el genio está en una categoría distinta, única, y es muy discutible si su camino es el más apropiado y natural para la mayoría de la humanidad. La mayoría de nosotros somos sencillamente gente común, ni réprobos ni genios, que en nuestros mejores momentos tratamos de encontrar el "justo medio" o, como lo expresó el Buda, ese camino "de en medio" donde puede el desenvolvimiento espiritual ir mano a mano, guiando nuestro desarrollo material. Ser indiferente es entonces estar libre del dominio de cualquier deseo particular. Obviamente, ha de aplicarse tal indiferencia o exención de la pasión en primer lugar y principalmente a nosotros mismos, pues sería contrario a la ley compasiva del Ser si sintiésemos una indiferencia insensible hacia el dolor de otros.

Pregunta — Encuentro que esta Virtud en particular me causa la mayor dificultad, porque creo que estaría muerto si no tuviera ningún deseo dominante.

Comentario — ¡Pero el esforzarse hacia la "indiferencia del placer y del dolor" no quiere decir que no se debe tener deseos! Simplemente quiere decir que hemos de tratar de vivir en el *centro* de cada experiencia en vez de oscilar en el péndulo de la vida que chocamos con la cabeza (también con el corazón) primero en un lado y después rebotamos violentamente al otro lado. Estamos aquí para tratar de vivir y trabajar sin sucumbir a los *efectos* del placer o del dolor, belleza o fealdad, o cualesquiera de los pares de opuestos. He aquí la llave, completa como yo la veo. Ciertamente debemos de tener deseos que son el motor de la evolución. Hay un decir antiguo de los Vedas: "El Deseo surgió al principio de Ello," y el mundo vino a la existencia; la divina semilla de un mundo por venir tenía primero que sentir la pulsante llama del deseo de manifestarse antes de que pudiese asumir una forma material. Así sucede con cada uno de nosotros; tenemos que experimentar el deseo de crecer, de evolucionar, de lo contrario seremos indolentes. Los dioses saben demasiado bien que nunca harán su marca en cosas espirituales (ni aun en las materiales) los individuos indolentes.

Pregunta — ¿No dice la Biblia algo acerca de Dios arrojando a los tibios de su boca?

Comentario — En *El Apocalipsis*, me parece. ¡No, no hay nada flácido ni tibio en la práctica de esta Pāramitā!

LAS SEIS GLORIOSAS VIRTUDES DEL BUDISMO — II

Pregunta — Recientemente recibí una carta de una amiga que trabaja como enfermera particular. Ella escribió cuán "triste era la vida;" ésta había hecho el mejor esfuerzo, pero sin embargo, el paciente a quien había llegado a estimar cariñosamente, murió. Y así continúa, escribiendo "enfermo tras enfermo, unos se mejoran; otros prolongan una vida llena de miseria; y aún otros no vencen sino que mueren." Parece fácil comprender los principios cuando los tratamos aquí, pero cuando uno tiene que ponerlos en la práctica día tras día, bajo circunstancias bien penosas, entra en juego una clase de valores distintos.

Comentario — Esto señala la fina distinción entre la pura teoría y la práctica. Sería el colmo de la hipocresía si no sintiésemos las tristezas de otros, tanto como sus alegrías. Tenemos que llegar a ser siempre más sensibles a sus regocijos y dolores en proporción directa, mientras nos pongamos sensibles a los nuestros. Ese es el primer requisito.

Pero consideremos a la enfermera, o aún mejor, al médico o cirujano. Él trata paciente tras paciente: como resultado de una disciplina de sí mismo y de una dedicación impersonal a su profesión; efectivamente vive esta cuarta Virtud, en un grado mayor o menor: si él no tuviera una medida de *indiferencia*, de un "divino descuido," y confianza de que si hace lo mejor posible no puede hacer más; él sufriría un colapso. No podría resistir la terrible tensión. Con todo el respeto debido a su capacidad, su conocimiento y su pericia, existe "la mano de Dios" o Karma, si se quiere; y el paciente o vence, o no vence.

Cada médico toma un juramento: se compromete a conservar la vida y traer la salud donde está la enfermedad, hasta donde lo permitan sus conocimientos y capacidades. No tengo dudas en mi mente de que el cirujano que opera sufre profundamente cuando entra algún elemento imprevisto, y en vez de un buen resultado el paciente muere. ¿Qué hace él? Él puede ser penosamente lastimado, pero *debe seguir caminando.* Hay otras vidas que salvar; otros hombres y mujeres cuya felicidad y futuro dependen de su pericia, su dedicación y su servicio impersonal. Así que, con una divina "indiferencia" hacia los *efectos*, de júbilo o de tristeza, él se da de lleno al paciente próximo, sin demasiado apego hacia el buen éxito o el fracaso de sus esfuerzos.

Pregunta — Usted habla del médico ideal, porque no todos son tan impersonales ni tan dedicados como el que usted retrata.

Comentario — Obviamente, cada profesión, cada organización religiosa, cada ramo de la empresa humana tendrá sus grandes representantes, tanto como sus miembros egoístas, insensibles y aun representantes crueles. Pero eso no disminuye el principio. Podemos actuar positivamente, impersonalmente, con sensibilidad a los valores internos, en la medida en que los sintamos, en cualquier campo de acción en que nos hallemos. Haciendo esto, descubriremos los beneficios de la práctica de estas Pāramitās.

Pregunta — Todo esto parece maravilloso, pero poder enfrentar los problemas complejos de la existencia diaria con la ecuanimidad, ¿no es eso una tarea casi imposible?

Comentario — No es fácil, de ningún modo. Pero no está dicho que de la noche al día todos llegaremos a estar "igualmente dispuestos como el sabio." Se nos dan las Pāramitās como un ideal, como algo que mantener dentro del corazón y hacia qué aspirar. Debo añadir que hay ciertas claves básicas, las cuales, si son entendidas, le dan a uno, no sólo perspectiva, sino también una confianza más amplia de sí mismo. Hemos tratado aquí muchas veces de la divinidad que reside en el centro de cada ser viviente en la Tierra. Tendemos a olvidar que está también incluido el ser humano. Cuando empezamos a considerar esa idea, pronto nos damos cuenta de que ha de haber un horizonte ilimitado delante de nosotros, así como hay un fondo ilimitado de experiencias detrás de nosotros. La antigua creencia de que el hombre es un peregrino de la eternidad, con la oportunidad de desarrollar y aprender a través de una serie de vidas, abre de par en par la frontera ante nuestra conciencia. Y la realización de que la mejor preparación que se nos da en el mundo llega a toda hora de cada día, pues nada viene a nosotros sino aquello que nosotros mismos hemos ganado. Cuando aprendamos a leer la lección diaria que nos trae la vida, encontraremos ante nosotros oportunidades para apreciar todas las Virtudes, no sólo la cuarta.

Ahora bien, la quinta Pāramitā se denomina *Intrepidez*, aquella "energía intrépida que lucha paso a paso hacia la Verdad suprema, desde el cenagal de las mentiras terrestres." Éste señala la lucha eterna entre la luz y la obscuridad, verdad y mentira. La Verdad *es*, pero para encontrarla necesita el alma toda la fortaleza que pueda reunir a fin de desenredarse de la jungla de conceptos falsos que ha construido durante las edades. Si se puede mantener el disfraz sutil de decepción y la influencia corroedora de la duda en cada plano de experiencia, entonces se *conocerá* la Verdad, no en su totalidad, sino siempre con mayor claridad.

La sexta Virtud se llama *Contemplación*. La entrada en la Verdad, el estar absorto en su ambiente, con el conocimiento de uno, meditando los valores eternos en vez de los detalles triviales. Hay un mundo de diferencia entre la contemplación genuina y las llamadas "prácticas de meditación," muchas de las cuales representan un verdadero peligro para el alma. En efecto, cuando me preguntan "¿cómo debo yo meditar?", mi respuesta invariable es: "si yo fuera usted, terminaría todas las practicas fijas de meditación." Todo lo que es forzado contra la Naturaleza es un obstáculo, y no un auxilio, para el desenvolvimiento espiritual. Yo prefiero considerar la contemplación como algo interior, casi inconscientemente imbuido en nuestra alma extendiéndose hacia el Padre interno, de manera que guiará nuestra conciencia por valores verdaderos en vez de los falsos.

Aquí tienen en breve, las "seis gloriosas Virtudes" o las "Pāramitās de la perfección"; pero no es que su práctica traerá la perfección, pues no hay tal cosa. Pero sí puede, si se hacen parte de nuestras vidas, su *espíritu*, ayudarnos a alcanzar una comprensión más amplia y universal.

Pregunta — Usted dijo que algunas veces se dan como diez. Yo no puedo ver la necesidad de por qué tantas o por qué es necesario una división adicional. Me imagino que cualquiera podría componer una lista de seis, diez y aun treinta Virtudes. ¿Pero si se absorbe la idea básica, no tenemos bastante con qué proceder? ¿No tiende el deseo de la información a engendrar el deseo por más y más datos, con el resultado que se amontonan sobre sí? Uno se pregunta, a veces, si nunca se satisfará antes de encontrar la última solución cara a cara. Es a su propio modo una forma de egoísmo, ¿no es verdad?

Comentario — El deseo por más y más datos no relacionados con lo ético, sí engendra una clase de egoísmo. Sin embargo es una etapa natural de desarrollo, una vez adquirido un grado de capacidad intelectual, de querer más y más datos puestos ante nosotros de una manera exacta y ordenada. Como hemos dicho, aquellos datos no nos beneficiarán en nada, si no entendiéramos sus valores espirituales fundamentales y dejáramos que mantuvieran un buen refrenamiento sobre nuestra sed de poder intelectual. Permítanme terminar con lo siguiente, tomado de una escritura budista, en contestación a la pregunta de cómo se debe practicar la verdadera caridad:

Cuando ellos [los estudiantes o discípulos] hacen actos de caridad, no deben abrigar ningún deseo de recompensa ni gratitud o mérito o ventaja ni algún galardón mundanal. Deben buscar reconcentrar la mente en beneficios y bendiciones universales que son para todos en común, y al actuar así, realizarán dentro de sí la más alta sabiduría perfecta.

En estas pocas palabras, tenemos la solución, yo creo, del verdadero valor de cualquier código de ética que escogiésemos seguir.

El Camino Real del Servicio

Pregunta — Desde que estudiamos las Pāramitās, he estado investigando más el pensamiento budista. La mayor parte me gusta mucho, pero no entiendo todo lo relacionado con el Nirvana. Me parece que el sentido completo de la enseñanza budista es el escaparse de la "Rueda de la Vida," la sucesión de vidas en la Tierra, para alcanzar la felicidad del Nirvana. Cuando por primera vez oí hablar de reencarnación, pensé que era algo maravilloso, y todavía sigo pensando así, porque resuelve muchos de mis problemas. Ahora bien, ¿por qué deseamos escapar de la rueda del renacimiento? ¿Por qué este énfasis en la felicidad?

Comentario — Estoy enteramente de acuerdo con usted en que se da demasiado énfasis en alcanzar el Nirvana, o cualquier calificativo que se le quiera dar. No debemos olvidar, cuando investigamos algunas de estas escrituras orientales, que hay tanto pensamiento cristalizado en el Oriente como lo hay en el Occidente. Lo que enseñó Buda es una cosa, pero lo que sus seguidores, tras los siglos, han organizado como sus enseñanzas, es frecuentemente una cosa muy distinta. En muchos respectos las enseñanzas del budismo son altamente espirituales; sin embargo se han aceptado, tanto en la Escuela Hīnayāna como en la Mahāyāna, varias malas interpretaciones en relación con la Verdad.

Pregunta — ¿No dicen que si se viviera una vida buena en la Tierra, se reencarnaría en un animal superior, y tal vez en un ser humano; pero si se ha vivido una mala vida, entonces se regresará a la Tierra como un chacal, una culebra o un leopardo?

Comentario — Eso es un perfecto ejemplo de lo que trato de explicar. Gautama el Buda, una de las luces espirituales más elevadas que ha visto el mundo, no enseñó que el alma humana reencarnaría en una forma animal; pues eso sería directamente contrario a la obra de la Naturaleza. Pero a causa de que los antiguos, muchas veces emplearon metáforas y tropos o lenguaje alegórico para describir ciertas verdades, las generaciones siguientes aceptaron literalmente las formas de esas enseñanzas, y así es cómo las malas interpretaciones llegaron a fijarse firmemente en las mentes de las personas.

Lo que sí enseñó el Buda fue que un hombre ha de tener cuidado en cada uno de sus pensamientos y sentimientos, porque éstos dejarán su marca no sólo en su carácter, sino también en todos los átomos-simientes de su constitución. Y puesto que "lo semejante atrae a lo semejante," aquellos átomos-simientes de una calidad grosera pueden, después de la muerte, ser fácilmente atraídos, al menos provisionalmente, a cuerpos de animales. Así también, cuando los Upanishads, y también Platón ocasionalmente, dijeron que un hombre puede renacer como un animal, en realidad quisieron decir que si el alma está marcada con ciertas propensiones animales, éstas, si no son dominadas, tenderían a oprimirlo en vidas siguientes.

Una cosa es segura: el alma humana es intrínsecamente tanto más desarrollada que la del animal, tanto en calidad y experiencia, que no puede encarnar en una forma inferior. La antigua idea, antes universalmente comprendida, es que en nuestra calidad de seres humanos regresamos a la Tierra periódicamente, después de un término de rehabilitación y refresco espiritual, para seguir nuestra búsqueda por la unión consciente con nuestra fuente divina.

Pregunta — ¿Por qué la prisa para escaparse de la Rueda de la Existencia? ¿Cuál es el objeto del esfuerzo de alcanzar el Nirvana?

Comentario — No sólo no hay objeto en tal esfuerzo, sino que es absolutamente un concepto erróneo. Este énfasis excesivo en alcanzar el Nirvana ha sido durante siglos una de las más grandes desventajas del pensamiento del oriental. Y hoy día en el Occidente, para aquéllos que están familiarizándose con el pensamiento budista y vedantino, está también haciéndose un obstáculo para el progreso. Mucho oímos hablar en estos días de la "Realización de Sí Mismo," el término Occidental para el concepto Vedantino de Moksha o "la liberación" del apego a las preocupaciones terrestres. El mismo término "Realización de Sí Mismo" da el indicio: un sendero de empeño motivado por el deseo de la salvación personal. Ya sea que lo llamemos Nirvana, Felicidad o Moksha, el deseo excesivo de alcanzar la felicidad señala una espiritualidad concentrada en uno mismo en contraste con ese sendero sublime enseñado por el Buda y el Cristo, el de vivir enteramente para el servicio de todos.

EXPANSIÓN DE HORIZONTES

Pregunta — ¿Es que hay entonces dos senderos en las cosas espirituales? Yo siempre había pensado que sólo se podría contrastar el modo de vida material con el modo espiritual. Pero ahora usted parece haber dividido este sendero espiritual en dos.

Comentario — Hay en verdad dos senderos en el empeño espiritual. El primero se llama el "sendero para uno mismo," y el otro, el "sendero inmortal" o el "sendero de la compasión." El "sendero para uno mismo" es el que persiguen todos los que buscan la salvación para ellos mismos, cuyos devotos más ardientes, por regla general, anhelan entrar en algún tipo de vida en la cual puedan despedirse del bullicio y la distracción de la existencia terrenal y alcanzar el Nirvana pronto. El otro, es el antiguo sendero de la compasión, empinado y espinoso, que es recorrido por aquéllos que seguirán las huellas del Cristo y del Buda: el sendero del empeño altruista que busca la sabiduría únicamente para que se pueda compartir la Verdad y la luz con todos.

El sendero de la materia tiende hacia abajo; aunque estamos involucrados en su atmósfera, hay pocos en verdad que siguen la atracción hacia abajo con exclusión de todo lo demás. El sendero del espíritu va hacia arriba y adelante siempre, hacia la divinidad interna. La elección entre lo material y lo espiritual, por consiguiente es clara, a pesar de cuán frecuentemente fallamos en llevar a cabo nuestras aspiraciones por los valores permanentes. Sin embargo, en cosas espirituales también se llegará a una bifurcación del camino: el seguir el sendero para nosotros mismos, o para otros.

Este concepto es bien conocido en el Oriente, con especialidad en aquellos países donde el budismo ha sido firmemente establecido por siglos; esto es porque el pueblo, por tradición, tiene mucho más respeto para los Bodhisattvas que para los

Budas. Para la gente, el Bodhisattva es uno que ha alcanzado el punto en que puede ya pasar a través del abismo de la obscuridad al Nirvana, la Omnisciencia, Paz o Sabiduría, como quiera que se le llame, pero que se niega a pasar para poder quedarse atrás hasta que el último de sus hermanos pueda llegar junto a él. Pero un Buda es uno que, habiendo alcanzado la entrada, ve la luz adelante y entra en el Nirvana, logrando su felicidad bien merecida.

Pregunta — Cuando mi esposo y yo estábamos en el Japón, recientemente, visitamos algunos de sus templos. Vimos a Bodhisattvas tallados de varios tamaños, unos de ellos muy artísticamente hechos. ¿Quisiera usted decir algo sobre esto?

Comentario — No sólo en el Japón, sino en la China y en aquellas regiones de la India donde se ha arraigado el budismo, usted encontrará muchas esculturas de Bodhisattvas. La idea de la compasión está perpetuada en algunas de estas estatuas donde la mano derecha se extiende hacia la sabiduría, luz y belleza del Nirvana; mientras que la mano izquierda se extiende hacia abajo en dirección de la humanidad, en un gesto compasivo de benevolencia.

Pregunta — Yo quisiera volver a esta palabra felicidad. Confieso que me inquieta un poco. Cuando pensamos en la felicidad, supongo que todos tenemos un concepto diferente. Para un niño, sería tener todos los helados que pudiera comer por siempre; para otra persona pudría ser llegar, después de mucho esfuerzo, a la cima de una montaña. Tal vez soy demasiado mundano, pero siempre me ha parecido algo cobarde el querer escapar a algún bosque tranquilo y hacerse un ermitaño. ¿Qué hay de más grande después de todo en obtener la felicidad, aun si uno se decide más tarde a renunciarla para permanecer en el mundo?

Comentario — No hay nada grande por sí mismo en alcanzar la felicidad del Nirvana. Los vocablos en el sánscrito original señalan la distinción básica: el uno es el sendero *Pratyeka*, o el sendero de aspiración espiritual "para uno mismo," un tipo de espiritualidad puramente egoísta; el otro es el sendero *Amrita*, o el sendero que resulta ser el "inmortal" porque es el sendero de sacrificio, de compasión, de servicio.

Permítame tratar de poner el asunto simplemente. Suponga que usted tuvo una intuición que le condujo a hacer algún descubrimiento científico, que usted creía que podría afectar profundamente al mundo para el bien. Usted podría hacer una de las dos cosas: podría guardarlo y reservarlo para sí mismo, para después, una vez concluido el proceso, ponerlo en el mercado y ganar mucho dinero. O usted podría entregarlo a los científicos de primer rango para que lo perfeccionasen en beneficio de otros, y entonces sería puesto al servicio de la humanidad. Usted tendría todo su derecho de conservar la invención o descubrimiento para sí mismo, patentarlo y aprovecharse de ello tanto como le fuera posible. Usted podría razonar que, a la larga, el mundo se beneficiaría, porque usted habría hecho disponible tal producto. Al actuar así, usted experimentaría una cierta "gloria" personal o satisfacción en haber logrado sus objetivos. Por otra parte, si usted dio libremente su descubrimiento para que fuese puesto en el caldero de la prueba científica, ¿no haría al mundo un servicio mucho más grande? ¿Qué esperaría usted en forma de recompensas interiores?

Pregunta — ¿Si usted da la espalda a la felicidad, usted en efecto la dobla, verdad?

Comentario — Sólo si el motivo es tan abnegado como la acción. He aquí donde el comodín del naipe siempre se esconde en el juego. Los productos derivados de la felicidad en haber contribuido desinteresadamente con los frutos de su intuición para el bien de todos, trascenderán en alto grado cualquier satisfacción personal que de otra manera podría haber; y usted tocaría de una manera los linderos de la felicidad, por así decirlo. Pero en el momento en que alguno de nosotros hace un "acto de misericordia" para experimentar el sentimiento orgulloso de ser un benefactor, en ese mismo momento se hace cenizas ese llamado acto benéfico.

Pregunta — Yo quisiera hacer una pregunta. Hace algún tiempo, cuando discutimos la práctica de las Pāramitās, usted dijo que todo es asunto de relatividad; que en cuanto obtenemos una serie de más elevados valores no estamos contentos con los que hemos logrado. ¿Podría ser también relativo el estado de felicidad o satisfacción? Lo que quiero decir es que pudiera haber una felicidad física o aun una mental. ¿Pero no es la felicidad espiritual algo completamente aparte? ¿Obtendremos nosotros como seres humanos, el estado que es comparable con la felicidad del Nirvana?

Comentario — Hay tantos Nirvanas como individuos para experimentarlos; lo mismo que hay tantos estados de conciencia en la Tierra como hay personas viviendo en ella. Los que se esfuerzan por alcanzar el Nirvana, sabiduría, la luz y la paz, para sí mismos; (acuérdense de que el término Pratyeka quiere decir justamente eso, "para sí mismo"), piensan que alcanzarán la felicidad perfecta. Pero los Budas de Compasión y los Bodhisattvas saben que no les es posible alcanzar la plena condición de la omnisciencia. Todo es relativo. Omnisciencia espiritual o felicidad Nirvanica es una experiencia más allá de nuestra capacidad de concebir y es imposible de describir. Justamente porque no nos es posible comprender lo que es este estado de sabiduría omnisciente, no debemos nunca olvidar que el poder de llevar a cabo la unidad con lo Divino yace en el corazón de cada uno de nosotros.

Hay muchos niveles superiores a nuestro estado actual de humanidad, y hay seres avanzados, quienes han alcanzado la unidad con el Padre, ya sea momentáneamente o por un período más largo. Ellos experimentan un instante de la felicidad nirvánica; sin embargo, movidos por el impulso compasivo de servir a la humanidad, ellos permiten que su conciencia regrese al campo de la actividad humana para trabajar en su medio y con la humanidad.

Pregunta — Esa es una visión maravillosa. Tengo que admitir que hay momentos en que todas las distracciones y disturbios chocan en nosotros con demasía, y tenemos que escaparnos por un rato, escalar una montaña, descansar en la playa, o viajar un poco; hacer cualquier cosa para recargar los gastados acumuladores. Pero he experimentado que después de unas semanas, anhelo regresar a mis quehaceres diarios. Una vez que mis nervios se han relajado, crece ese impulso de reanudar el trabajo. No puedo decir que sea porque he querido seguir un sendero de compasión; es sencillamente que, en cierto sentido, la lucha en la vida parece más interesante que simplemente el no hacer nada. ¿Hacia qué rumbo me dirijo, para el sendero egoísta, o hacia el otro?

Comentario — Lejos está de mí decidir quién está en el sendero egoísta o Pratyeka, y quién está empeñado en seguir el sendero de la compasión. Nadie puede juzgar a otro. Acuérdese de que es la intención, el verdadero motivo *interno* el que está frecuentemente escondido, y no el motivo exterior que colorea el campo de la acción de uno. Día tras día estamos haciendo pequeñas selecciones que con el tiempo, en una dirección u otra, inclinarán los platillos de la balanza de aquella suprema elección.

Todos somos humanos, y si queremos entrar de nuevo en la lucha de la existencia sólo para vencer al otro, para adelantarnos lo más pronto posible en ganar poder e influencia, entonces nos estamos dirigiendo hacia abajo; si no nos dominamos, y seguimos en esta dirección vida tras vida, estaremos siguiendo el sendero de la materia que conduce al fin, a la muerte espiritual. Pero si después de nuestras vacaciones regresamos a nuestros trabajos motivados por un deseo inherente de cumplir con nuestra obligación dentro de la gran totalidad de la existencia, participando en los regocijos y las tristezas de la vida como parte de nuestra porción en levantar la carga del mundo, entonces nuestro motivo es de origen desinteresado. Gradualmente llegará a ser más y más refinado, y el ideal del sendero de la compasión se arraigará firmemente en nuestros corazones.

Pregunta — ¿Pero cómo nos hacemos espirituales?

Comentario — No debemos esforzarnos en hacernos espirituales ni santos ni avanzados, pues ese mismo énfasis de interés en el desarrollo de uno mismo es el obstáculo más grande hacia el progreso. La realización espiritual nunca resulta del esfuerzo de querer hacerse espiritual, aunque esto le parezca extraño. Sin embargo, se nos recomienda repetidamente "elevar el yo inferior por medio del Yo Superior," transmutando los metales brutos del deseo egoísta en el oro del esfuerzo desinteresado. Todo lo cual quiere decir que debemos siempre, y en cada momento, aspirar hacia el ideal del altruismo, del desinterés, y de todas las demás virtudes de que hemos tratado, pero no concentrarnos en nuestra propia evolución. Aunque supiésemos las doctrinas del budismo, las del cristianismo o las del pensamiento platónico desde el alfa hasta la omega, esto por sí mismo, no nos hará espirituales.

Pregunta — ¿Pues bien, estos Pratyekas de que usted habla, no son ellos entes espirituales? ¿Si no, de qué otro modo se hacen los Budas? Yo no entiendo esta mezcla de egoísmo y espiritualidad. ¿Es verdaderamente posible que haya egoísmo en el logro espiritual, pues no tendría uno que servir a medida de que se desarrollase?

Comentario — No debemos formar la errónea impresión de que un Pratyeka, un ente que trabaja por cosas espirituales para sí mismo, es malo. No lo es. Él es un individuo espiritual, altamente desarrollado; ni es correcto decir que no hará nada nunca para sus semejantes. Ellos todos hacen tales cosas; de eso no hay ninguna duda, porque sencillamente no pueden menos que actuar así. De nuevo volvemos al motivo. Yo puedo salir mañana y convertirme en un así llamado "ángel de misericordia" y desempeñar toda clase de obras buenas; o si tengo mucho dinero puedo dárselo a los pobres, o a esta u otra causa benévola. ¿Pero qué efecto tendrán tales "actos de misericordia" en mi carácter, en mi karma, o en mi verdadero Yo?

No es lo *que* hacemos lo que decidirá, sino cómo pensamos y actuamos. Al fin de cuentas solamente una cosa valdrá: EL MOTIVO. Si yo recibo una cierta satisfacción haciéndome un benefactor, sin duda haré mucho bien, mejoraré muchas vidas, aliviaré muchas penas. Con todo, si yo hago estas "buenas obras" para convertirme en el autor de buenas acciones, para alcanzar mi meta de espiritualidad más rápidamente, ¿no hay más de un poco de egoísmo en mi motivo? Por otro lado, si en los actos más pequeños de la vida diaria trato de nunca entrometer mi voluntad personal en la ecuación de relaciones humanas, sino que me empeño siempre en que los canales de servicio se abran solamente para beneficio de otros, entonces seguramente será el motivo desinteresado. Así los resultados serán infinitamente más duraderos porque se les sentirán, no en la parte personal de los auxiliados, sino en las partes más elevadas de sus almas donde continuarán los beneficios vida tras vida.

Así tiene usted las dos líneas del esfuerzo espiritual: una, con el fin de conseguir la felicidad para sí mismo (el sendero aparentemente más rápido, porque las penas y pruebas de otros no le retardan a uno); y la otra, con el fin de disminuir el dolor del hombre.

El sendero Pratyeka a la larga llega a ser el más lento, pues una vez que el aspirante alcanza el punto en que está suficientemente iluminado para entrar en el Nirvana, dice adiós al desenvolvimiento espiritual adicional, permaneciendo estático hasta el próximo gran ciclo, que puede ser un período muy largo. Finalmente cada uno de nosotros tendrá que hacer la suprema elección: pasar por la puerta o vislumbrar la felicidad de la completa sabiduría y paz, y sin embargo, volver al valle de lágrimas para socorrer a la humanidad. Aquélla es la elección de los Grandes Seres de la raza. La de ellos es una tarea en la que no piden agradecimiento. No buscan ni recompensa, ni reputación, nada, sino la oportunidad de compartir su propia sabiduría tan difícilmente conquistada.

Esto es el porqué la pura tradición es nacida y transmitida por la sucesión de Seres Compasivos, que no piensan en su propio adelanto, porque tienen en el fondo del corazón el interés por sus semejantes.

Ofrecer toda acción en el altar de su propio progreso es Pratyeka, egoísta en la prueba final; ofrecer todo pensamiento, acción y sentimiento en el altar del progreso de la humanidad, eso es Compasión en su más elevado nivel.

Nuestra Fuente Divina de Poder

En las Escuelas de Misterios, aquellos antiguos centros de enseñanza a los cuales asistieron los filósofos para aprender cosas no comúnmente divulgadas fue estudiada la entera constitución, tanto del hombre como del universo. Es por esto que en los días del ministerio del Maestro Jesús, éste dijo a sus discípulos: a las multitudes yo les hablo en parábolas, mas a ustedes yo les revelo los Misterios.

Algunas veces se ha dividido al hombre en cuatro elementos; otras veces en cinco, pero generalmente, o se dio énfasis a los tres principios básicos, como lo hizo San Pablo, o se les presentó como siete. El método particular usado es secundario por el hecho de que todas las escrituras narran la mismísima historia de Dios o la Divinidad manifestando periódicamente una parte de sí mismo, una porción de Sus cualidades, para beneficio de toda la creación. Eso es el porqué nosotros estamos aquí: para dar a nuestra chispa divina individual una oportunidad de ganar más experiencia por medio de lo que podemos llamar las jerarquías que la vida nos depara. Esa chispa divina es el pináculo más elevado de nuestro ser; pero en esta etapa de nuestra evolución tiene muchos compartimientos de varios grados de materialidad.

Puesto que es una ayuda comparar nuestra acostumbrada manera de ver al hombre y su naturaleza, con los métodos empleados por otras escrituras sagradas, vamos a extender el usual concepto triple, al séptuple. Un ejemplo de esto se encuentra en el *Katha-Upanishad,* uno de los Trece Upanishads Principales (hay numerosos de menor importancia) que han sido traducidos del sánscrito al inglés por eruditos occidentales. Comprenden discursos sobre las antiguas tradiciones que han sido transmitidas para guía de la humanidad: la palabra *upanishad* quiere decir "sentarse junto a," es decir, prestar suma atención al narrador.

Aquí se emplea el símbolo de un carro para ilustrar la naturaleza del hombre. El amo del carro es el Yo Divino; el conductor o cochero es la voluntad espiritual, la intuición; y las riendas representan la voluntad humana, la mente. Los caballos son los deseos y los sentidos; los caminos sobre los cuales los caballos arrastran el carro son los objetos de nuestros deseos sensuales, mientras que el carro mismo representa el cuerpo, el vehículo de nuestra personalidad en la Tierra. Esto, a mi parecer, es una analogía muy notable a causa de la nueva luz que derrama sobre nuestras luchas.

> Conoced al Yo (*ātma*) como el amo sentado dentro del carro que es el cuerpo (*śarīra*),
> Conoced también a la comprensión (*buddhi*) como el cochero y a la mente (*manas*) como las riendas.
>
> Quien es siempre de mente desenfrenada, desprovisto de verdadero entendimiento,

Sus deseos sensuales se tornan ingobernables como los caballos desenfrenados de un cochero.

Pero quien es siempre de mente refrenada, y tiene verdadero entendimiento,
Sus deseos sensuales son gobernables como los mansos caballos de un cochero.

Los deseos son superiores a los sentidos, la mente es superior a los deseos,
La intuición (entendimiento) es superior a la mente, y el gran Yo es superior a la intuición.
— Capítulo I, versos 3. 3, 5, 6, 10

Simplemente expuesto, el hombre iluminado, el cochero, refrena a los caballos o deseos sensuales por la inteligente manipulación de las riendas, la mente, poniendo los sentidos bajo la guía de la intuición o ser espiritual, y manteniendo el carro sobre el curso señalado por el amo del mismo, el Yo Divino. Comprendemos inmediatamente que el hombre no está guiado solamente por su mente, sino que puede recibir, si quiere, la dirección y amparo de su Padre interno. En la medida en que nuestra voluntad humana obedece a los impulsos del cochero, será el servidor de las fuerzas espirituales de nuestra naturaleza; lo mismo que el cochero o aspecto intuitivo es el sirviente directo de la voluntad divina, el amo del carro.

Ahora bien, ¿qué significa todo esto? Viendo al hombre dentro de una visión más grande, el factor principal es que esta chispa de divinidad, el amo del carro, está en la raíz de todo esfuerzo evolutivo. Dentro del hombre está la capacidad de elegir; así podemos tener la certeza de que el camino en adelante, ya sea liso o escabroso, será el mismo camino de la experiencia que necesitamos para expresar nuestro poder divino.

El Ser Humano: en Parte Atomo, en Parte Galaxia

Pregunta — Durante el último semestre, varios estudiantes nos reunimos una vez por semana y tuvimos charlas entusiastas; nuestros puntos de vista versaron desde lo más material, ateo, hasta lo metafísico. Pero siempre terminamos contra una muralla. A pesar de nuestro conocimiento científico, o de nuestros varios antecedentes religiosos (hubo entre nosotros unos pocos no cristianos), la pregunta que quedó sin contestar fue ésta: ¿Quién es el hombre?

Comentario — ¿Quién es el hombre? Si supiéramos quiénes somos, desde el centro divino de nuestro ser hasta el vehículo más externo, el cuerpo físico, habríamos resuelto el misterio de la *Vida* en todas sus fases. ¿Por qué Ud supone que el Oráculo Délfico dio una respuesta en aquellas ya inmortales palabras,

CONOCETE A TI MISMO? ¿Por qué fueron ellas inscritas sobre el portal del templo de Apolo, si no fuese como una advertencia diaria de que, si uno quisiera conquistar los secretos de la Naturaleza, primero tendría que dominarse a sí mismo.

Si nosotros dijésemos que el hombre es una combinación de átomos y de galaxias, nos acercaríamos tanto a la Verdad como lo hizo San Pablo cuando dijo a los corintios que en el hombre hay un "cuerpo natural" (*psyche*) y un "cuerpo espiritual" (*pneuma*) y que el primer Adán "fue hecho un alma viviente; el último Adán fue hecho un espíritu de creciente actividad." Hablamos algo volublemente de nosotros como compuestos de cuerpo, alma y espíritu; pero en realidad no sabemos lo que esto significa. En efecto somos mucho más que esto; mente, intuición, deseos; toda clase de cualidades componen al hombre.

Pregunta — Esa fue precisamente la dificultad. Tratamos de comparar el Nuevo Testamento con la filosofía budista, pero nos confundimos desesperadamente. También investigamos el pensamiento indostánico y tratamos de relacionar lo que ellos llaman el *ātma*, o el Yo, con el "Espíritu" de San Pablo, que parecía resolverlo. Pero cuando llegamos a la parte ordinaria de nosotros, el problema se resumió así. ¿Cómo podemos manejar este conjunto de fuerzas fluyendo a través de nosotros? ¿Exactamente quiénes somos y cuál es nuestra vinculación con el plan más grande de las cosas? Eso es lo que quisiéramos saber.

Comentario — No debemos esperar saber de pronto todos los detalles con respecto a la evolución del hombre o del universo en que somos una parte necesaria, por muy insignificante que nos sintamos cuando nos comparamos con la Vía Láctea. Podemos tal vez obtener un vistazo aquí y allá de la amplia extensión panorámica del proceso de la creación y por lo tanto

EL SER HUMANO: EN PARTE ATOMO, EN PARTE GALAXIA

de nuestro parentesco con y la participación en el eterno Misterio. El nacimiento del hombre, tanto como el nacimiento de una galaxia o un universo atómico, es un acto maravilloso y nunca algo prosaico.

¿Cómo manejar pues este conjunto de fuerzas contrarias dentro de nosotros? ¿Recuerda usted la carta de Pablo a los Romanos, en la que describió la "guerra entre los miembros" del cuerpo en el hombre? "Porque el bien que quisiera no hago; pero el mal que no quisiera, eso hago." ¿Qué experiencia tan universal: el bien que sentimos hondo en nuestros corazones que queremos hacer, frecuentemente no lo llevamos a cabo; y esas mismas cualidades de carácter las cuales sabemos que son ahora inferiores a nosotros, todavía queremos entregarnos a ellas. ¿Por qué es esto así?

El hombre es verdaderamente en parte átomo, en parte galaxia; pero hay más en la historia de la creación que la mezcla de lo atómico y lo galáctico. De la misteriosa interacción del Espíritu y la Materia sale un "alma-vehículo" en la que todo ser viviente halla su campo natural de acción. Así en realidad todas las cosas, desde los mundos atómicos y los submundos, a través del reino mineral, vegetal, animal y humano, subiendo directamente a las galaxias en el espacio, todos tienen por lo menos una triple expresión: "cuerpo," su forma material, ya sea ella electrón o estrella; "alma," su vehículo de conciencia o expresión de la propia individualidad, por muy rudimentario o inconsciente desde el punto de vista humano que esto parezca; y "espíritu," su raíz esencial en la Deidad.

Pregunta — ¿Quiere usted decir que cada uno de nosotros es realmente una porción de Dios? Es refrescante sentir el vigor de una filosofía que presupone a Dios como dentro de nosotros. Se nos ha enseñado por tanto tiempo nuestro linaje simio;

o peor aún, que éramos pecadores miserables, gusanos del polvo del cual se formó a Adán.

Comentario — Dios o Deidad o una porción de la Divina Inteligencia, *es* nuestra esencial raíz, y si no fuera por eso no estaríamos aquí, sufriendo y gozando de la encarnación en este planeta dentro de nuestro sistema solar, y viajando a lo largo y dentro de los más grandes destinos de las galaxias que forman la Metagalaxia en que nosotros, y el subelectrón más minúsculo, vivimos, nos movemos y tenemos su misma fortaleza vital.

¡Pero no debemos elevarnos tanto en las extensiones superestelares del pensamiento que despeguemos el pie de la Tierra! Nuestra responsabilidad actual es enfrentarnos aquí y ahora al reto de este rápido movimiento de la edad de expansión científica y controlar el desenvolvimiento de las energías de nuestra alma y espíritu, nuestra mente y aspiraciones, para que con el tiempo irradien claramente la luz del sol divino dentro de nosotros.

Además, expulsemos de nuestra conciencia, para siempre, este "gusano del polvo," concepto que es absolutamente falso, y que no tiene lugar en el vocabulario del Hombre, el Pensador. ¡Ni nunca se ha probado la teoría del linaje simio! Hay tanto en contra de ella, hablando desde el punto de vista evolutivo, como lo hay a su favor; y hay mucho más para refutarla, cuando vemos al hombre no como un cuerpo, sino como una Inteligencia flamante, encarnada en la Tierra para aprender las lecciones de la existencia material. ¡Al ser un hecho que nuestra constitución física se ha desarrollado lentamente a través de los eones hasta haberse construido el mecanismo altamente refinado que es hoy, ni la Divinidad ni el fuego de Prometeo de nuestras mentes pudieran haberse desenvuelto de un simio! ¿Hemos considerado la posibilidad de que el simio (y también los monos actuales) sea un resultado de indiscreciones humanas en la historia primitiva de la raza? Eso es lo que sugieren ciertas tradiciones; esto merece una seria consideración, aun desde el punto de vista del desarrollo físico de los primitivos primates. ¿Por qué es que, entre los mamíferos, el cuerpo humano es el más rudimentario y menos especializado, mientras que su mente y las energías interiores de su alma se han desarrollado de maneras extraordinarias, y no parecen tener límites en su poder de evolucionar?

Pregunta — Nunca antes pensé en ello de esa manera. ¿Pero cómo se armoniza nuestra mente con esta perspectiva, y todas aquellas extrañas pero auténticas sugerencias de que somos algo más que nuestras ordinarias emociones y sentimientos?

Comentario — ¿Qué hace al hombre distinto del átomo o de la rosa? ¿Qué le da aquel sentido de conocimiento de sí mismo, aquella cualidad de su consciencia que le separa de los reinos inferiores, y que le hace la desesperación de sí mismo y la gloria de la creación? La mente: activa, dominante, creativa. Recuerden lo que dijo la serpiente a Eva que si ella y Adán probaban el fruto del árbol de la ciencia del Bien y del Mal *no* morirían, sino que llegarían a ser como dioses, conociendo el Bien y el Mal. La mente del ser humano fue allí transformada en la llama del conocimiento por el ascua de Prometeo, siendo ella misma una chispa del fuego central de la Mente Cósmica. Así llegó a la existencia el conocimiento de lo bueno y de lo malo; y lo de más importancia aún, el reconocimiento de la responsabilidad moral de elegir sabiamente y en armonía con la Naturaleza.

Así había sido alcanzado el punto de no regresar en cuanto al peregrinaje evolutivo del hombre. Ya no pudo él flotar contento, sin rumbo a lo largo de los lentos ríos del progreso. De ahí en adelante tenía que ser emprendedor, haciéndole frente al reto de dirigir su propio desenvolvimiento, y mediante pruebas, aprender que cuanto sembraba tendría que cosechar, durante ciclo tras ciclo de experiencias. ¿Quién entonces es el hombre? Brevemente, él es a la vez Conocedor y engañador de sí mismo: la elección es suya.

Pregunta — ¿Qué quiere decir usted con eso, que somos ambas cosas: Conocedor y engañador?

Comentario — Las referencias de San Pablo al alma y al espíritu, y a que el hombre tiene un "cuerpo natural" y "cuerpo espiritual," divulgó sólo una parte de la historia. Los antiguos griegos vieron al hombre como teniendo ya cuatro, y otras veces siete principios; pero consideremos ahora los cuatro principios básicos como ellos los concibieron. Además de *pneuma* o espíritu, hablaron de *nous*, al cual llamaron el Conocedor o principio mental, que usaban a la vez como *psyche*, el alma, y *soma*, el cuerpo, como sus vehículos de desenvolvimiento y experiencia en la Tierra.

Por lo tanto, es *nous*, el Conocedor, esa porción de la naturaleza del hombre que puede disponer del conocimiento de sí mismo y del universo, cuando sus energías están dirigidas hacia el espíritu; pero cuando es gobernado por *psyche*, se convierte en el engañador. El antiguo adagio, "La Mente es el matador de lo Real" es a veces demasiada verdad porque, cuando está influida por las emociones inferiores, es el engañador quien dirige, y la astucia, la codicia y la tiranía toman posesión en muchas formas.

Así la mente es bipolar: a la vez el matador y el libertador. Se requiere un conocimiento más amplio del espectro de cualidades que componen al hombre y que igualmente fluyen por el cosmos, si queremos relacionarnos apropiadamente con la

EL SER HUMANO: EN PARTE ATOMO, EN PARTE GALAXIA

Tierra en que vivimos, y comprender inteligentemente cómo enfrentar todas estas fuerzas que influyen en nosotros.

Pregunta — Esta es una frase muy intrigante: espectro de las cualidades. ¿Quiere usted decir que estamos compuestos de *siete* cualidades, como los siete colores del espectro?

Comentario — ¿Por qué no? Aunque podemos hablar de los diez como hicieron los antiguos egipcios; pero empleemos los siete porque armonizan mejor con lo que nos es familiar en la Naturaleza, tal como las siete notas de la escala musical, los siete colores del arco iris, los siete días de la semana etc. ¿Cómo se llamaron estos siete principios del hombre? Por varios nombres, los cuales se pueden traducir a algo como esto: el divino; el de intuición espiritual; el mental, en sí mismo bipolar, con su parte superior aspirando hacia lo espiritual, y su aspecto inferior inclinándose hacia el próximo "color" en sucesión, llamado deseo; después las fuerzas vitales, que a su turno vivifican al cuerpo modelo o copia en que el cuerpo físico, célula por célula, está construido.

¿Quién es entonces el hombre? El hombre justamente puede llamarse un conjunto de energías irradiantes, sostenido por la esencia dominante de su centro divino, el Padre interior, que a su vez está enraizado en la Divina Inteligencia cósmica que penetra cada unidad viviente en el espacio.

Es significativo que nuestra palabra espíritu es la palabra latina para el aliento, derivada de *spiro*, respirar, tanto como la griega *pneuma* también quiere decir respiración o espíritu. Pues algunas de las filosofías arcaicas concibieron la gran Exhalación e Inhalación de la Deidad como los Días y Noches o períodos de Actividad y de Reposo de los mundos. Así, la Moción era la característica esencial de la Deidad, y cuando quiso Dios crear un universo, el "espíritu" de los Elohim (literalmente, *rūahh*, aliento) se movió sobre la faz de la Profundidad; así el aliento de la vida divina vivificaba la manifestación de todo este universo, y todas las semillas durmientes de la fuerza divina, sea lo que fuesen sus grados, fueron exhaladas de la Obscuridad hacia la Luz.

Pregunta — Esto vierte una luz muy diferente sobre nuestras enseñanzas cristianas. Ese verso tuvimos que aprenderlo del *Génesis*: Y el Señor Dios formó al hombre del barro de la tierra, y le dio en el rostro un soplo, o aliento de vida. ¿Cómo se relaciona esto con las frases de San Pablo, y también con las siete cualidades del hombre?

Comentario — "Y el Señor Dios formó al hombre del barro de la tierra, y le insufló por la nariz el aliento de vida (*neshāmāh*); y así fue hecho el hombre un alma viviente (*nephesh*)." En los dos primeros capítulos del *Génesis* hay referencias a tres distintas cualidades de soplos o exhalaciones de la Deidad o el Señor Dios: *neshāmāh*, el "soplo de la vida" corresponde en general al *pneuma* o "cuerpo espiritual" de Pablo; *rūahh*, el soplo o espíritu de los Elohim que produce al mundo, y que en el hombre es el vivificador de la vida consciente de sí mismo, así frecuentemente vinculado con el griego *nous*, el Conocedor; y *nephesh*, el "alma viviente," análoga al *psyche* o "cuerpo natural" o alma humana ordinaria; así los tres soplos o cualidades se mantienen juntos animando al vehículo o cuerpo físico del hombre.

Relacionando esto con los siete principios o conjunto de energías que es el hombre, podríamos decir que el "cuerpo" de San Pablo comprende a los tres inferiores: las fuerzas vitales, animando al molde astral, o cuerpo modelo, alrededor del que se forma el cuerpo físico. El "alma" se puede decir que abarca los campos del deseo, emoción y mente inferior, pero no los niveles superiores de la mente; mientras que el "espíritu," como un rayo de la esencia divina, es el principio intuicional, impotente en sí mismo de funcionar en la Tierra a menos de que esté unido con la mente como un vehículo factible de expresión.

Cuando sabemos que los elementos químicos de la Tierra se hallan igualmente en el cuerpo del Sol, ¿es tan difícil imaginar que si uno pudiera sacar un espectrograma de las energías del alma y del espíritu del hombre, tanto como de su mente, deseos y aspiraciones, las *idénticas* líneas se mostrarían en el espectrograma de las energías *interiores* del dios solar que anima ese orbe físico? Si es correcto el antiguo axioma hermético: "Como es arriba, así es abajo," entonces seguramente las mismas energías fundamentales existentes desde lo divino a lo físico, en el hombre, asimismo han de vivificar y penetrar en cada cosa manifestada. Toda la evidencia de la lógica y la analogía señala el mismísimo espectro de cualidades a través del cosmos entero: octavas de energía radiante, extendiéndose hacia las profundidades del espacio, y hacia lo interior, hasta los mundos dentro de los mundos del átomo.

Pregunta — La ciencia ha adelantado tan velozmente que sabemos muchísimo con respecto a los galaxias por un lado de la gama de vida, y también acerca de las complejidades del mundo atómico; pero nos resulta difícil obtener la perspectiva, de esta constante aceleración de conocimientos. ¿Cómo piensa usted que habría San Pablo reaccionado ante nuestra situación actual con sus informadores?

Comentario — Nadie pudría decirlo; pero en verdad no creo que él se hubiese alarmado mucho. Probablemente él nos habría instado a hacer frente al problema básico: ¿sucumbiremos ante la "era mundana," esa porción egoísta de nosotros que se inclina hacia abajo, o estaremos a la altura de las demandas del

Conocedor interior y viviremos creadoramente, dedicando nuestro conocimiento a fines nobles? Una revaluación sana del hombre y de su lugar en un universo dinámico en desarrollo, está muy retardada.

La mente en sí es un dinamo de fuerza radiante, y cuando es frenada por las energías espirituales e intuitivas puede inspirar pensamientos y acciones iluminados. Pero como sabemos demasiado bien, las tendencias inferiores de la mente dejan que los deseos la arrastren de aquí para allá, de modo que los caballos de nuestros sentidos se desbocan y corren desenfrenados. Como dijo el *Upanishad*, en el carro se sienta el amo adentro, la divina esencia, y corre de nuestra cuenta que el cochero o conductor intelecto-espiritual retenga sabiamente las riendas de nuestra mente para que los caballos de nuestros deseos nos conduzcan en la dirección de nuestra verdadera meta.

Si no hubiese hecho la ciencia y sus campos de estudio, inmensamente aumentados, nada más que quitarnos nuestras vendas teológicas, habría merecido la gratitud de los Protectores de la humanidad, esa larga línea de Grandes Seres Espirituales que vienen periódicamente, como hicieron Krishna, Cristo y Buda, para despertar de nuevo en el hombre su visión espiritual y estimular su anhelo por la Verdad. Nuestro nuevo conocimiento del universo nos está proveyendo más y más evidencia de que, por mucho que esté revestida una parte de nosotros con el "polvo" de la tierra, somos de veras un "espíritu de creciente actividad."

Theosophia: Conocimiento de Asuntos Divinos

Pregunta — El otro día un amigo sugirió que yo investigara sobre la teosofía. Él me dijo que no sabía mucho con respecto a ella, pero que existen muchas opiniones diferentes en cuanto a sus méritos y aun unas presentaciones bastante contradictorias, pero que creía que básicamente tenía una buena filosofía en el fondo. Así fue cómo consideré si podríamos investigar sus fundamentos.

Comentario — Muy bien, pero primero preguntémonos qué queremos decir por teosofía. ¿Queremos decir lo que ella, en su forma moderna, expresa hoy día en las respectivas organizaciones que se llaman teosóficas? ¿Queremos decir la teosofía de la Edad Media o del Renacimiento? O pensamos aún más lejos en el pasado: ¿nos referimos al período de Amonio Sacas que vivió en el segundo y tercer siglo de nuestra era? Por otra parte,

¿tenemos en mente la filosofía arcaica de las antiguas Escuelas de Misterios? O acercándonos más a nuestro propio tiempo, ¿hablamos del tipo de teosofía cristiana que encontró expresión en la vida y escritos de Jacob Boehme, quien a su vez inspiró a los "teósofos" de los siglos diecisiete, dieciocho y diecinueve?

Pregunta — No tenía idea que hubiera tantas ramificaciones de la teosofía o de que se extendiese tan lejos en el pasado. Pensaba que era una palabra moderna para un tipo nuevo de filosofía.

Comentario — No, la teosofía no es algo recién inventado, aunque desafortunadamente mucho de lo que se ha dicho bajo su nombre, tanto en tiempos pasados como hoy día pertenece a la superficie, en vez de lo que tienen sus semillas carnosas de su filosofía. El tema en su totalidad tiene tantas ramificaciones que, para esbozar aún un simple perfil de su evolución y crecimiento, tendríamos que indagar en sus orígenes y después pasar por la tela enredada de las connotaciones discrepantes que el término "teosofía" ha acumulado al paso del tiempo. Se cree que la palabra data de los primeros siglos de nuestra era, y posiblemente antes, mientras que su uso, aunque limitado, precede centenares de años al establecimiento de las organizaciones modernas que llevan el nombre y que, con una fidelidad variable a su significación original, profesan seguir una filosofía teosófica.

Yo pediría sólo un favor, que tratemos de mantener en suspenso cualesquier nociones corrientes que tengamos sobre lo que es la teosofía y lo que no es, a fin de que podamos con más facilidad trazar su evolución.

Pregunta — Me gustaría eso mucho, porque yo también pensaba que era un género de nueva filosofía o credo. ¿Pero qué significa la palabra?

THEOSOPHIA: CONOCIMIENTO DE ASUNTOS DIVINOS

Comentario — Viene del griego. Empezaremos con la definición del diccionario y avanzaremos de allí en adelante.

TEOSOFÍA. También *teosofismo*. Del ML (del latín medieval), del LGr. (o griego a través del latín) *theosophia*, conocimiento de asuntos divinos; de *theosophos*, sabio en los asuntos de Dios, de *theos*, Dios más *sophos*, sabiduría.

He aquí algunos ejemplos de la derivación de la palabra. Incidentalmente, no creo que nunca se usara mucho la palabra "teosofismo," aunque sí aparece en ocasiones en los escritos de ciertos "teósofos" de hace unos doscientos años.

Nótense los símbolos: "Del ML, del LGr;" éstos, por supuesto, significan que la palabra viene por el Latín Medieval desde el Griego Reciente; es decir, el tipo del griego que se habló desde el siglo primero al segundo, hasta el sexto de nuestra era. Justamente aquí, es el momento en que damos un gran salto dejando atrás el pensamiento de la Edad del Oscurantismo de nuestra historia, hasta llegar a aquellos siglos transitorios, turbulentos, que siguieron el comienzo de la era cristiana. Ustedes pueden ver, por consiguiente, qué tontería sería limitar nuestra exposición de la teosofía a los tiempos modernos. Pero sigamos con las dos definiciones que siguen referente a la derivación de la palabra en sí misma:

1. Alegado conocimiento de Dios y del mundo, como relacionado con Dios, obtenido por mística percepción directa o por especulación filosófica o por una combinación de las dos.

2. (*frecuentemente con mayúscula*). Las doctrinas y creencias de una escuela moderna o secta que siguen, generalmente, las teorías budistas y brahmánicas, especialmente al enseñar una evolución panteísta y la doctrina de la reencarnación.

Pregunta — Eso suena muy complicado. ¿Cómo puede alguien tener de veras "conocimiento de Dios"?

Pregunta — Yo quiero saber si escriben ahí con mayúscula la palabra Dios. Me siento confundido. Primero recibimos la traducción de la palabra como "conocimiento de asuntos divinos," lo cual me gusta. Le da a uno un sentimiento de no tener límites. Pero después nos dicen que la teosofía quiere decir "alegado conocimiento de Dios." Y de pronto empiezo a sentirme cercado por la idea de una Deidad Personal con respecto a la que se supone que la teosofía dirá algo. Tal vez yo estoy hilando muy fino.

Comentario — No, yo no creo que Ud. lo está. En efecto, usted ha indicado exactamente algo que podemos revisar por un momento. Sí, Dios se escribe con mayúscula en ambas frases: "sabio en los asuntos de Dios," y "alegado conocimiento de Dios." Si los lexicógrafos hubieran traducido *theos* como "un ente espiritual o divino" o simplemente como "divinidad," las cuales eran sus connotaciones en el tiempo de los griegos, en vez de adoptar la usanza cristiana posterior de Dios, se habrían acercado mucho más a la significación esencial del griego *theosophia* como "conocimiento de asuntos divinos." Sin embargo, el hecho de que insertaran la palabra *alegado* muestra que estaban bien seguros de que no puede ningún ser humano ser completamente "sabio en los asuntos de Dios," y mucho menos comprender la sabiduría ilimitada de una Inteligencia Divina cuya experiencia incluye el alfa y el omega de la vida en sí misma, en nuestro planeta, nuestro sistema solar y por supuesto, dentro de y más allá de nuestro universo-hogar.

Como ya se dijo, la primera definición trata de la teosofía tomada con sus variados usos en siglos anteriores, y está escrita con *te* minúscula. Pero la segunda definición, "frecuentemente con mayúscula," pertenece a la "escuela moderna" de pensamiento que lleva el nombre teosófico. Examinar el punto de

THEOSOPHIA: CONOCIMIENTO DE ASUNTOS DIVINOS

esta distinción puede parecer un poco fuera de lugar, pero no lo es. La historia del desarrollo y progreso, en el verdadero discernimiento espiritual del hombre, ha probado repetidamente, que en el momento en que ponemos nuestras creencias en "letras mayúsculas" empezamos a especializar y nos quedamos inmóviles de asombro; desde el momento en que especializamos, ponemos límites; y cuando limitamos, empezamos a perder la esencia misma de aquello que buscamos. En asuntos físicos o administrativos, tenemos necesidad de definir un problema para enfocar nuestra atención en esta o aquella área específica de interés. Pero cuando tratamos de "asuntos divinos" que pertenecen al desenvolvimiento interno del hombre y del cosmos, tratamos con principios de verdades no estáticas, también desarrollándose, ya sea que los llamemos budismo o cristianismo, neoplatonismo o teosofía. Al colocar esos principios dentro del marco de una finalidad, hemos limitado ya su significación a la forma particular que nuestra definición toma.

Este es el caso, ya sea que consideremos la *gnosis* (conocimiento) de la teosofía gnóstica, las especulaciones teosóficas de los Cabalistas hebreos, de los Filósofos del fuego, la teosofía cristiana expuesta por el Maestro Eckhart, Jacob Boehme o San Martín, o por otro lado, sus representaciones modernas. Eso es el porqué yo sugerí que mantuviéramos en suspenso nuestras nociones previas para que pudiéramos extender nuestra área de pensamiento y ver la teosofía literalmente, como el "conocimiento de asuntos divinos." Si podemos considerarla en este sentido, nos daremos cuenta de que la *esencia* de la pura religión y la filosofía y de la ciencia también (cuando es considerada como puro "conocimiento" que es lo que la palabra significa), es *teosophia* con la *te* minúscula; esa cualidad de "sabiduría" que los Videntes más grandes de la humanidad han conseguido mediante la percepción directa de "las cosas tal como son."

Pregunta — ¿Puedo interrumpir? ¿Si seguimos ese último pensamiento, ello significaría entonces que todos los Salvadores o preceptores mundiales, tales como el Buda y Jesús, y supongo que también hombres como Platón y Pitágoras, enseñaron una clase de teosofía?

Comentario — No hagamos un nuevo dogma de esto y digamos que cada religión y filosofía es teosofía; podríamos decir fácilmente que lo son budismo, cristianismo o islamismo etcétera. Sin embargo lo que usted dice viene al caso, porque no importa qué sistema de pensamiento consideremos, si podemos discernir su calidad eterna e imperecedera llegamos a un punto central: la Verdad. Sus diferencias yacen sólo en sus envolturas externas, las cuales la mayor parte del tiempo tienden a esconder, en vez de revelar su valor esencial.

Esto nos conduce a la segunda definición, que está con mayúscula y se refiere a la organización moderna fundada en 1875 por H. P. Blavatsky, que trataba de continuar la tarea iniciada originalmente por Amonio Sacas en el tercer siglo de nuestra era. Lo mismo que él, trató de mostrar que la Verdad es única y que todas las religiones provinieron desde el principio de una sabiduría común de la antigüedad; así su obra de pensamiento provocador, *La Doctrina Secreta*, fue escrita teniendo en mente eso. No obstante, durante los años siguientes, el término teosofía ha sufrido considerablemente por su mal uso. Existen unos cuerpos organizados que tratan con relativo buen éxito diseminar su filosofía. Pero hay también unos dudosos cultos que emplean la literatura para divulgar una clase de enseñanza que no es nada más que una desviación de la doctrina original, con un énfasis encantador en aspectos marginales, tal es como el siquismo y otros géneros malsanos de fenomenalismo, los cuales son perversiones sumamente peligrosas de los valores espirituales.

THEOSOPHIA: CONOCIMIENTO DE ASUNTOS DIVINOS

Pregunta — ¿No es que el mismo tipo de conocimiento confundido corrientemente hoy día, en nuestra perspectiva filosófica y religiosa, y especialmente en cuanto a estos asuntos síquicos, casi una réplica de lo que ocurría en Alejandría cuando vivió Amonio Sacas? Aun en un período anterior, los Romanos tuvieron que promulgar leyes contra la práctica de la mediumnidad, la adivinación y la creencia en horóscopos; de hecho, contra cualquier cosa que tendiera en grado más mínimo, hacia el uso y fomento de las "artes ocultas."

Pregunta — Quisiera oír algo más acerca de los más antiguos usos del término teosofía.

Comentario — Fijar la fecha exacta en que el término se puso en uso corriente es difícil, aunque yo creo que la palabra *"theosophos,"* o "sabio en asuntos divinos," se halla ocasionalmente en las obras de Clemente de Alejandría y posiblemente en las de otros de aquella época. Algunas autoridades, sin embargo, se inclinan a la opinión de que fue Amonio Sacas más específicamente, quien enseñó a sus discípulos los principios "teosóficos."

Pregunta — Yo leí en alguna parte que él enseñaba una clase de filosofía ecléctica, combinando ideas de varias fuentes.

Pregunta — ¿Quiere Ud. decir desnatar la crema de las varias religiones y hacer una clase de un poco de todo espiritual? No me gusta la palabra "ecléctica," porque ¿cómo se puede llegar a una filosofía sana construyéndola artificialmente de pedacitos y trozos?

Comentario — No vayamos rápidamente para terminar forjando conclusiones erróneas. Estoy de acuerdo con que nunca encontraremos la Verdad uniendo arbitrariamente pedazos de ella y clavándolos con tachuelas. Interpretar la palabra "ecléctica" en ese sentido es, por supuesto, legítimo, pero eso está lejos de lo que hizo Amonio Sacas. Mientras que refiriéndose modernamente a su sistema de instrucción como "ecléctico," en realidad él siguió un método triple de llegar a la Verdad: análisis, síntesis e interpretación. Con Platón como fundamento, él pudo destilar la esencia de *sophia* o "sabiduría" de los elementos aparentemente antagónicos en el conglomerado de tradiciones místicas y religiosas corrientes en Alejandría en aquel entonces. Éste es el porqué se le considera el genio inspirador del extraordinario renacimiento del interés en la filosofía platónica, la cual daría el Neoplatonismo que iba más tarde a influir tan fuertemente no sólo en la sicología cristiana, sino aun en la teología de la iglesia por medio de San Agustín. ¡Pero eso es otra historia!

Creo que nos es difícil comprender a qué se asemejó aquella fecunda metrópoli en aquellos remotos siglos. Era un centro floreciente de comercio e intercambio entre el Oriente, el Asia Menor, África y Roma; pero fue también el asiento de la más elevada cultura y saber, siendo el Museo con su Biblioteca renombrada por sus centenares de miles de manuscritos inapreciables (una gran porción de los cuales fueron destruidos luego por fanáticos). Hindúes y budistas, griegos, hebreos y egipcios, romanos y árabes, tanto como el crecimiento de conversos cristianos se mezclaron, cada uno ansioso de vender sus "mercancías," o materiales, a los así llamados espirituales. Y fue allí en protesta contra la superficialidad de la vida en general, y el vacío de lo mucho que se exponía como la Verdad, que estableció Amonio su escuela en la que exigió a sus discípulos la más elevada reverencia para la Verdad. Se le llamaba *theodidaktos* o "enseñado por dios," porque se creía que él había experimentado la unión sagrada del alma con su fuente divina. Es cierto que la nobleza de su vida fue un recuerdo constante a sus discípulos de que si ellos mismos vivieran una vida disciplinada, también ellos podrían, con el tiempo, hacerse *theosophos* o "sabios en los asuntos de Dios."

Pregunta — ¿Escribió Amonio algunos libros?

Comentario — Él no puso nada por escrito, lo mismo que hicieron Jesús, Buda o Sócrates.

Pregunta — ¿Entonces cómo sabemos lo que enseñó?

Comentario — De la misma manera que sabemos, al menos en un grado aceptable, lo que todos los preceptores mundiales, incluso Jesús, enseñaron: leyendo entre las líneas y detrás de las palabras de sus seguidores. Amonio, de acuerdo con la práctica arcaica de las Escuelas de Misterios (aunque en su tiempo habían llegado caer en decadencia), exigió una promesa solemne a sus discípulos de que nunca pondrían por escrito lo que aprendiesen. Después de su muerte, sin embargo, dos de sus discípulos circularon unos manuscritos dando las interpretaciones de sus doctrinas. Afortunadamente, para la posteridad, un individuo muy extraordinario vino a estudiar bajo Amonio y más tarde escribió unos libros dando la esencia de las enseñanzas impartidas.

Pregunta — ¿No fue ese Plotino? Si recuerdo la historia correctamente, él había estado buscando por todas partes, entre las muchas escuelas filosóficas de Alejandría, una instrucción espiritual auténtica, pero no encontrando nada, excepto cáscaras, se había desalentado. Entonces un amigo le contó de Amonio. Como lo relató Porfirio, el amado discípulo de Plotino, tan pronto éste escuchó a Amonio, exclamó: "Este es el hombre a quien yo he estado buscando." Así es que permaneció con él unos diez u once años, y se dice que él también alcanzó, en instantes, la unión con el Padre interno.

Comentario — Tenemos que dar gracias a Porfirio por haber persuadido a Plotino a que pusiera por escrito una fidedigna interpretación de las narraciones imperfectas e incompletas para preservar en forma escrita las enseñanzas de Amonio. De otra manera habría sido una terrible pérdida, pues Plotino pareció haber excedido en brillantez aun a Platón en su exposición del tema antiguo, que todo dimana de la divinidad o *theos*, y que todas las almas, formas y fases de manifestación tienen con el tiempo que esforzarse conscientemente en volver a su divina fuente. Por supuesto hay mucho más; pero es fácil ver por qué la *theosophia* del neoplatonismo ha tratado repetidamente de expresarse en siglos subsiguientes.

Pregunta — Estoy tratando de vincular la definición de teosofía como "alegado conocimiento de Dios," con el hecho de que Amonio aparentemente logró un "discernimiento divino."

Comentario — Permítame leer otra vez la definición: "Alegado conocimiento de Dios y del mundo como relacionado con Dios por el discernimiento directo místico o por especulación filosófica o por ambos." Si expresamos esto de nuevo, desde la posición ventajosa de lo que acabamos de tratar, veremos cuán admirablemente apto es: *theosophia*, o conocimiento de asuntos divinos con respecto al cosmos y al hombre como expresiones de la divinidad, realizable por percepción espiritual directa o por estudio y reflexión, o por una combinación de la mente iluminada por la intuición.

Pregunta — Eso es maravilloso, ¿pero quién puede lograrlo excepto personas como Amonio o los Grandes Maestros?

Comentario — ¿No dijo Platón algo sobre el alma la cuál había estado impresa en el alba del tiempo con el conocimiento de la gran "Idea," con lo cual sin duda él quiso decir *sophia* o sabiduría, y que nos correspondía a nosotros "recordar" ese conocimiento durante nuestras vidas en la Tierra? ¿Y no dijo el Maestro Jesús que era el Padre, dentro de Él, que hacía los así llamados milagros, y que lo que Él hizo nosotros podemos hacerlo también?

Pregunta — Me gusta eso, porque durante los años de la guerra encontré a individuos de antecedentes religiosos completamente distintos y, aunque no tuve la oportunidad de investigar sus creencias, llegué a estar convencido de que el valor espiritual no respetaba el color de la piel, el país, ni la religión. Es por eso que tengo tanto interés en la esperanza de Amonio en demostrar que no había más de una Verdad. Siento que ha de haber aun para nosotros, la gente ordinaria, un género de sabiduría natural que es posible encontrar.

Comentario — ¿No es ella tal vez esa "sabiduría natural" dentro de todos nosotros que estamos tratando de recordar?

Pregunta — Yo muchas veces me he preguntado por qué no hay un fondo común de conocimiento del cual pudiéramos todos participar. No puedo ver por qué ha de haber tantas religiones y tantos tipos de especulación filosófica en cuanto a cómo llegó nuestro mundo a la existencia y lo que nosotros como seres humanos significamos, en relación con ello.

Comentario — Las tradiciones de la antigüedad confirman que en un tiempo, en la historia primitiva del género humano, hubo Una Sabiduría conocida por todas las naciones de la Tierra, pero gradualmente obtuvieron la supremacía tantas falsas interpretaciones de este o aquel aspecto de la Verdad, que se consideró necesaria la periódica "encarnación" de Salvadores o Avatares entre los hombres para restaurar los antiguos valores. Ellos no vinieron para establecer una nueva religión; sus seguidores hicieron eso, con un fervor no siempre sujeto a la fidelidad del espíritu del mensaje. ¡Es la misma triste historia de la naturaleza humana tratando de preservar las *palabras* de la Verdad haciendo que se las inscriban tan primorosamente en un libro o manuscrito que una vez hecho esto, no hay nada más que hacer, excepto guardarlo cuidadosamente! Y así demasiado rápidamente, no sólo hemos "perdido" la clave de su interpretación, sino que hemos olvidado su profundo objetivo original. ¡Y antes de que nos demos cuenta de eso, estamos aceptando la opinión de algún otro que dice ser nuestra autoridad para lo que es verdad o no lo es! La Verdad es una, pero hay tantas "verdades" o expresiones de "asuntos divinos" como hay seres humanos para reflejar su discernimiento a través del prisma de su propia conciencia individual.

Algo Más Sobre Teosofía

Antes de que tratemos la "escuela moderna" de teosofía, con lo cual queremos indicar las varias organizaciones que han surgido desde 1875, quiero agregar algunos pensamientos básicos adicionales.

A medida de que investigamos la historia y desarrollo de las varias filosofías religiosas del pasado, es de interés notar una norma común. Aparece un Mensajero. Un Cristo o un Buda, un Zoroastro o un Krishna. Recibe la bienvenida de unos pocos, mientras que su mensaje, o pasa inadvertido o se denuncia como falso y peligroso al *status quo*. Él se marcha, y sus discípulos de aquella época o de generaciones subsiguientes, despertando al fin al reconocimiento de su enseñanza, empiezan a construir una organización. Las sagradas palabras se ponen por escrito, centros de adoración son establecidos, sacramentos son empleados como medios de salvación, y el mensaje una vez *viviente*, llega a ser un credo. Futuros creyentes, guiados principalmente por las formas exteriores, prontamente disputan entre sí, y en un tiempo no muy largo el núcleo original de la "nueva revelación" se divide en fragmentos.

Típico de la naturaleza humana; por otra parte encontramos a los ultra conservadores quienes se atan rígidamente a la letra de la doctrina, insistiendo en que su interpretación es la única y última autoridad. Por otro lado, y diametralmente opuestos, están los ultra liberales quienes, en su fervor por derribar toda restricción, pierden el sentido de proporción, confunden sus valores y frecuentemente terminan por ver lo negro como blanco y lo bueno como malo. Entre los dos extremos están aquéllos que con constancia tratan de seguir el "camino de en medio," en su esfuerzo por interpretar el mensaje y descubrir de nuevo, detrás de lo formal y tradicional, el divino motivo.

Esto no es nada extraño, pues se manifiesta en cada fase de la experiencia humana: en el comercio, la educación, en la conducta social, tanto como en asuntos nacionales e internacionales. Y así ha pasado con la teosofía en sus formas anteriores, lo mismo que hoy día con respecto a sus expresiones modernas, donde las líneas de divergencia actualmente se han hecho bastante marcadas. Hablamos aquí de *cualidades* que cortan a través de todas las barreras hechas por el hombre, pues en cada organización se pueden hallar, en un grado variable, todos los tres tipos de seguidores. Ojalá que siempre haya un número suficiente, ya sea que estén afiliados a una u otra organización o a ninguna, que se empeñen en mantener vivo un conocimiento de la *theosophia* original o la sabiduría de Dios, no por buscar escape de las duras responsabilidades de la vida, sino por una aplicación inteligente y práctica de su filosofía a las crecientes necesidades del hombre.

Pregunta — ¿Pero cómo puede uno saber lo qué es auténtico y lo que no lo es? Yo he leído mucho en toda clase de libros. Algunas de las ideas me parecen como viejos amigos, aunque me son nuevas, pero encontré otras cosas que no me gustaron de ninguna manera.

Comentario — Por desgracia, están siendo divulgadas en estos días varias interpretaciones de la teosofía, y no es una cosa fácil distinguir cuál es la Verdad y cuál lo falso. Si uno está seriamente interesado en desentrañar la pura doctrina que inspiró a la fundadora de la escuela moderna, se debe consultar a la fuente directamente y familiarizarse con sus principios. De esta manera tendrá una base con la cual puede examinar cualesquier interpretaciones posteriores.

Pregunta — Usted dice "pura doctrina"; ¿quiere esto decir que la teosofía tiene principios en que uno tiene que creer? ¿O puede uno escoger esmeradamente lo que quiera, y dejar el resto?

Comentario — En todos sus escritos, H. P. Blavatsky pone en claro que la teosofía no tiene absolutamente ningún credo o fórmula de creencia, ningún grupo de dogmas a los cuales uno se tiene que adherir, dejando enteramente libre a cada individuo seleccionar lo que a él le interese. Si provenimos de la misma Inteligencia Divina que produjo el cosmos, no sólo tenemos el privilegio de desenvolvernos y desarrollarnos de acuerdo con nuestro *propio* carácter, y no con el de ningún otro, sino que se espera que hagamos eso. Desde ninguna circunstancia debemos sentirnos sujetos a las presiones intelectuales, morales, o aun espirituales de nada, sino de acuerdo con nuestro propio "sentido" interior. Todo lo que leemos u oímos, en cualquier campo de pensamiento, debe siempre pasar el examen de nuestro propio juicio más elevado. Si nos parece bien, debemos aceptarlo, al menos provisionalmente, hasta que veamos una faceta mayor de la Verdad. Si no nos parece bien, podemos simplemente ponerlo a un lado. Es posible que estemos poniendo a un lado algo que más tarde resultará ser de valor esencial; pero si en ese momento no nos parece bien o no estamos preparados para recibir aquella verdad particular, tal vez, en el futuro nos hará un bien más duradero.

Pregunta — Pero debe haber algunas enseñanzas definidas que pertenecen a la teosofía, ¿no es verdad? ¿O es que ésta es principalmente un género de esfuerzo filantrópico, tal como el laborar por condiciones mejores, o algo por el estilo?

Comentario — No, la teosofía auténtica no es simplemente un tipo de sicología indefinida de hacer el bien, sin relación con el hombre y su necesidad apremiante de saber quién es y cuál es su papel fundamental en la Tierra. Sin embargo, a causa del fundamental "amor a la humanidad" que motivó su presentación, es claro que es un esfuerzo "filantrópico," empleando la palabra en su sentido puro.

¿Entonces es una religión, o tal vez una nueva clase de filosofía? En realidad no es ni la una ni la otra, sino ambas; en efecto, la teosofía ha sido llamada la madre de todas las religiones y filosofías.

Pregunta — ¿No explicaría eso el porqué encontramos tantos puntos de semejanza con las grandes religiones? Recuerdo cuánto esto me llamaba la atención, cuando asistí a un curso de religiones comparadas. En aquel tiempo no había viajado mucho y conocía muy poco de otros pueblos, pero nuestro profesor era un estudiante profundo de los Upanishads, tanto como de los escritos griegos y romanos antiguos, y más de una vez él se refirió al "hilo de oro" de la sabiduría que, según él dijo, nos podría conducir por el laberinto de las muchas interpretaciones.

Comentario — Hay por cierto un "hilo de oro" de la Verdad, que conecta las formas de creer más arcaicas con las de la actualidad, y vincula las tradiciones espirituales de cada raza y nación con aquella chispa de la Inteligencia Divina que está en el corazón de cada ser humano.

Pregunta — Yo creo que me estoy hundiendo cada vez más en las profundidades da las aguas. Quisiera referirme otra vez al diccionario Webster, y relacionar estas varias ideas con lo que éste dice.

Comentario — Por supuesto. La primera parte de la definición, usted recordará, pertenece a la teosofía con *te* minúscula, como fue conocida de varias maneras durante los siglos anteriores. Si parafraseamos esto ahora en términos más sencillos, podemos ver cuán universalmente aplicable es ella en *todo* sistema religioso o filosófico que tenga como corazón el tema de la Deidad como fuente y origen de todos los seres y las cosas:

theosophia, o conocimiento acerca de los movimientos y hábitos de trabajo de la Divinidad, de cómo ella busca incorporarse en un universo (y en cada porción de éste, inclusive en los seres humanos), siendo dicho conocimiento alcanzado por el discernimiento espiritual directo o por el estudio o reflexión filosófica, o por una mezcla fecunda de la mente con la intuición.

Pregunta — No puedo imaginarme a ninguno de nosotros alcanzando esa etapa de iluminación en una vida. Tal vez eso es el porqué la reencarnación era tan popular entre muchas personas, porque sentían que les costaría más de una vida para lograr su propósito.

Comentario — ¡No se esperaba que ninguno de nosotros alcanzara esa etapa a lo largo de una sola vida! Eso sería tan absurdo como esperar que un alumno de la escuela primaria aprobase de inmediato los exámenes para la universidad. Sin embargo, como nos recuerda San Juan, dentro de cada hombre *está* "la Luz," y algún día obtendremos nuestra propia visión de las "cosas divinas." Mientras tanto, podemos animarnos, pues aun dentro del período relativamente corto de la historia escrita ha habido aquellas grandes y nobles almas quienes fueron bastante avanzadas, en comparación con el resto de nosotros, para atreverse a alcanzar las alturas. Ellas han seguido, tal vez por muchos, muchos cursos de la vida, el solitario sendero de la disciplina de sí mismas, el dominio y la iluminación de sí mismas, para sufrir al fin la crucifixión de su naturaleza terrenal a fin de que su dios interno tuviese un nacimiento más amplio dentro de sus almas. Tales han sido los líderes y guías de la humanidad, la larga sucesión de Salvadores y Cristos quienes, en la consumación de su sagrada experiencia, han compartido su "visión" con otros, y al actuar así, han obrado vastos cambios en el destino espiritual y sicológico de los pueblos entre los cuales vivieron.

Ellos no vinieron para revelar nuevas verdades, ni aún para fundar una nueva religión. Como dice H. P. Blavatsky, ellos todos fueron "*transmisores*, y no pensadores originales. Ellos fueron los autores de nuevas formas e interpretaciones, mientras que las verdades en que éstas estaban basadas eran tan viejas como la humanidad."

Pregunta — Eso tiene sentido para mí. Y si mi lógica es correcta, todos ellos naturalmente enseñarían la misma cosa. Si ellos realmente habían experimentado sus "momentos de verdad" ¿no es que habrían tocado la idéntica fuente divina?

Comentario — Exactamente, y eso es el porqué cuando investigamos las religiones mundiales y los variados sistemas místicos y filosóficos descubrimos que todos, cuando se comparan con sus puntos esenciales, dicen la misma historia. Algunas veces olvidamos que nuestro conocimiento de nuestra historia racial anterior es escaso, basado en unos meros cinco o seis mil años, mientras que las tradiciones de muchos pueblos antiguos retroceden por centenares de miles de años, cada uno de ellos señalando a una religión sabiduría arcaica como la fuente perenne de la Verdad, de la cual ha sido obtenido todo conocimiento humano. Tan viejo, que no se pueden rastrear sus orígenes, aunque está confirmada su existencia por medio de la encarnación periódica de Hombres cuya naturaleza espiritual sobresaliente hizo de ellos líderes inspirados de civilizaciones progresivas.

Pregunta — ¿Pero seguramente esta religión-sabiduría no se llamaba teosofía en aquellos tiempos antiguos?

Comentario — De ninguna manera. Tales vocablos son completamente incidentales, pues la Verdad toma cualquier nombre, dependiente de varias causas. Pueblos distintos, en ciclos diferentes, requieren tipos de dirección distintos. En un tiempo vemos un énfasis en el aspecto devocional o religioso, como en el cristianismo primitivo, con el llamamiento urgente de esforzarse por llegar a la "conciencia de Cristo" o a "la unión mística" con el Padre interior. En otro tiempo, la base filosófica de la naturaleza humana, polifacética, demandaba estudio, como en los días de Platón, o de Egipto o de la India antigua y entre otros pueblos de aquella época. Por otra parte, tenemos eras en que la ciencia toma el puesto delantero en una extensa investigación de la ley natural. Pero siempre, ya sea universalmente venerada o que se oculte por un tiempo, *la Verdad es la herencia de todos los que están capacitados.*

Algo más, si se me permite, antes de considerar la segunda parte de nuestra definición. Hace unos momentos que alguien preguntaba si la teosofía comprende algún sistema de doctrinas. Si regresamos a *La Doctrina Secreta* veremos que en verdad abarca una exposición sistemática de principios filosóficos, ellos mismos derivados de la enseñanza sabiduría de la antigüedad, los cuales describen el "nacimiento de mundos y del hombre" a través de muchas rondas de evolución. Pero, como dice la autora repetidamente, ella misma era sólo una transmisora; no trajo nada nuevo, siendo su tarea la de iluminar con el faro del interés este tesoro de "sabiduría" oculta bajo el complejo saber místico y religioso de civilizaciones anteriores.

Pregunta — ¿Es ésta la razón por la cual ella formó la Sociedad Teosófica, o tenía ella otros objetos en mente?

Pregunta — Yo entendí que ella trató establecer una fraternidad entre las varias razas, pero supongo que los tiempos no permitían esto.

Comentario — En asuntos del espíritu, no nos es posible estimar buen éxito o fracaso por normas ordinarias. A pesar de la amenaza continua de guerra global, la *idea* de fraternidad se ha puesto al corriente de la conciencia de los pueblos en todas partes, lo que en sí mismo representa un avance tremendo. Mientras que el objeto subyacente de la sociedad original era el compartir este conocimiento antiguo, concerniente a la estructura y a las obras de la Naturaleza, física y divina, su objetivo principal era unir en un núcleo a aquellos hombres y mujeres que estaban dedicados a la realización de los ideales que ustedes mencionan. Y como la verdadera fraternidad ha de ser *universal*, sin consideración a las diferencias superficiales de color, raza, o credo, no se podía, por supuesto, efectuar esto sin construir algunos puentes de entendimiento entre la gran variedad de pueblos en cada continente. Por consiguiente, se fomentaba un estudio imparcial de todas las religiones, filosofías y ciencias, antiguas y modernas, junto con una investigación de la constitución interior del hombre y de su relación con las áreas de conciencia, elevadas e inferiores, en que él participa.

Este es un programa muy extenso y, siendo la naturaleza humana como es, no se han logrado los objetivos originales. Sin embargo, una vez más se elevaba una antorcha. Es posible que tome siglos antes de que se haga un hecho la fraternidad iluminada de naciones, pero a pesar de todo se ve progreso en el creciente conocimiento de que, no sólo son todos los hombres hermanos, sino que cada verdad religiosa (no dogma) cobra su sustento de una fuente imperecedera.

Ahora bien, miremos otra vez con cuidado la segunda definición en el diccionario Webster. En primer lugar, es engañosa, porque la teosofía moderna según explica H. P. Blavatsky no tenía por objeto seguir exclusivamente las "teorías budistas y brahmanicas." Aun una ligera revisión de sus escritos muestra que ella hizo uso de las tradiciones y escrituras de *todos* los países para dar ejemplos de los orígenes en Una Sabiduría Perenne. Las sagas y la mitología de los Eddas escandinavos, la teosofía judaica de la Cábala, las enseñanzas y disciplinas de Pitágoras y Platón, de Amonio Sacas y los neoplatónicos, tanto como los escritos de Lao-tze y Confucio de la China, son todos tratados junto con la cristiandad, el budismo, la filosofía de los Upanishads y el *Bhagavad-Gītā*.

Pregunta — ¿Cómo se explica usted la razón del uso de tantos términos Orientales en sus libros? Me parece a mí que se podrían haber puesto estas ideas en un lenguaje más simple. ¡Sin embargo, mientras digo esto, empiezo a preguntarme, por ejemplo, cuál palabra en inglés emplearía yo en vez de Karma!

EXPANSIÓN DE HORIZONTES

Comentario — Ahí está el enfoque. Algunos escritores posteriores tal vez han hecho uso excesivo de una terminología poco familiar, que posiblemente está bien si uno escribe una exposición técnica; pero para una literatura de introducción no parece necesario. Hay casos en que el uso de lenguaje técnico es esencial; la ciencia, por ejemplo, en todos sus campos, emplea centenares de términos técnicos que dan a sus especialistas informaciones al instante, pero que para el lego tiene muy poca significación.

Usted mencionó a Karma. Sucede que cuando escribió sus libros H. P. Blavatsky (y la situación sigue vigente aún hoy) no había en el idioma inglés, ni en ninguno de nuestros modernos idiomas europeos, ninguna palabra capaz de impartir lo que este término sánscrito quiere decir. Así que cuando la palabra karma, con sus implicaciones filosóficas, fue introducida al Occidente, se hizo tan indispensable que pronto fue adoptada en nuestro idioma, de la misma manera que miles de otros términos extranjeros. Pues podríamos decir que karma quiere decir exactamente lo que quiso decir San Pablo cuando escribió a los Gálatas, que no se burla a Dios y que según lo que un hombre siembra, así cosecha. Pero mirad cuántas palabras hemos empleado cuando la sola palabra karma, si se le entiende correctamente, imparte todo esto y aún más.

Pregunta — Yo puedo ver cómo algunos de estos términos son muy útiles. ¿Pero qué quiere decir el diccionario Webster al decir que la teosofía moderna enseña un tipo de "evolución panteísta"?

Pregunta — Cuando se dice que una persona es un panteísta, ¿no quiere decir esto que él reverencia a muchos dioses en vez de creer en una Entidad Suprema?

Comentario — Esa es una interpretación, pero sólo una secundaria, que no imparte, en efecto, lo que significa el término. Desgraciadamente nosotros los del Occidente, tenemos el hábito de despreciar cualquier concepto que no se ajuste inmediatamente a nuestras propias ideas. La palabra en sí misma es también del griego, *pan y theos*, o sea "todo divino"; y quiso decir originalmente que todo ha salido de la Deidad. Por tantos siglos, sin embargo, nosotros hemos colocado a Dios afuera y aparte de nosotros mismos; así se dice de cualquier creencia que sugiere a la Divinidad como la fuente de todos los entes y seres, que tiene "sabor de panteísmo." De ahí que sea mirado con desconfianza porque se entiende, erróneamente, que todo *es* Dios; ¡Qué blasfemia decir que una piedra o un caballo, o aun un ser humano es Dios!

Pero si por la frase "evolución panteísta" concebimos una evolución basada en la premisa de que cada punto en el espacio, que comprende cada habitante, desde el átomo hasta la estrella, en nuestro sistema solar y en las miríadas de sistemas solares que componen la Vía Láctea y más allá, es una expresión de la Deidad porque alberga un *aspecto* de ella; entonces, según yo lo entiendo, la teosofía a través de todos los siglos, ha apoyado este tipo de "panteísmo." Y esto naturalmente incluiría la idea corolaria de que todos estos seres, no importa su estado evolutivo, están constantemente renovándose, haciendo uso de un vehículo o cuerpo tras otro para que la chispa divina interior, que anima su serie de vehículos, pueda desarrollar y evolucionar y ganar enriquecimiento por medio de esa experiencia. Con respecto al reino humano, se llama al método de tal regreso cíclico, la reencarnación, lo que significa que el alma humana entra y usa un cuerpo humano.

Pregunta — Me alegro oírle decir esto porque el tema de la reencarnación es lo principal que me atrajo en los libros que he leído. Posiblemente la causa es que desde mi niñez ha sido una convicción mía cuando un querido amigo de mi papá, un clérigo en efecto, me la explicó. Tenía yo siete u ocho años, y un domingo después de la cena él me acompañó en un paseo al borde del río. Era el otoño y estaban los árboles todos coloreados de rojo y oro. Él dijo que quería que yo siempre recordara cuán hermosos estaban antes de morir, al parecer; sólo que no morían en realidad, sino sencillamente que perdían sus hojas por un tiempo para reposar y brotar otras nuevas en la primavera. Tal vez él no me habría impresionado tanto si no hubiera sido que unas semanas más tarde murió de repente. Por un tiempo yo estuve transido de dolor; y entonces vinieron a mí sus palabras como un maravilloso consuelo; y siempre después he sentido una creciente certeza de que la muerte no puede poner término al amor y la simpatía y a todas esas cosas intangibles que son una parte tan real de la vida humana.

Comentario — Yo he, por mucho tiempo, sentido que si esta sola doctrina del renacimiento del alma fuera reintegrada a la enseñanza cristiana donde estaba antes incluida, ella ejercería una influencia poderosa sobre la sicología Occidental y por lo tanto en las relaciones mundiales. Si la reencarnación fuera vinculada de un modo positivo con su doctrina compañera de Karma, los hombres y las mujeres en todas partes se darían cuenta de que eran en su esencia dioses, cuyo destino futuro era el suyo para construir y por consiguiente con promesas brillantes, puesto que nada sería imposible de alcanzar.

Podría ser que en este siglo vigésimo tengan estas verdades arcaicas otra oportunidad para hacer a un lado a los partidarios de la letra muerta, tanto como a los traficantes de fantasías. Se le puede llamar la filosofía esotérica del pasado, pero resultará ser más que eso. Será la inspiración de la divinidad del hombre cuando por primera vez llegó a su estado presente, la cual todavía yace durmiente en el corazón de cada ser humano. A eso es lo que se refirió Jesús cuando dijo: "Antes que Abrahán fuera, yo soy"; y lo que tuvo en mente el salmista cuando cantaba: "Si, aunque caminase yo por en medio del valle de la sombra de la muerte . . . tú estás conmigo."

El Hombre Sobrevivirá

UNA CARTA DE UN AMIGO expresa el sentimiento de que le parece a él que se está desenvolviendo un campo hacia una finalidad más profunda, un reto indefinible pero claramente sentido, no sólo por unos cuantos individuos aquí y allá, sino también por la humanidad en general, como si estuvieran obligados a hacer y *ser* más y más allá de todo lo que hemos hasta aquí alcanzado. Dice que entre sus asociados en los negocios había notado una creciente rebelión contra el viejo tipo de duro materialismo y un determinado (aunque tal vez no claramente reconocido) esfuerzo por alcanzar algo más allá de lo que hasta aquí han entendido. Pero añade que a pesar del sentimiento de optimismo corriente entre muchos, finalmente vencerán la decencia y lo correcto aunque haya bastante temor y confusión, y que muchos se están preguntando cómo prepararse para lo que ellos sienten que puede desarrollarse.

No se nos ha hecho saber exactamente lo que está por delante; en efecto, sería una situación arriesgada para cualquiera de nosotros el poder discernir el futuro en detalle. La razón protectora es obvia, pues por el momento uno cree que sabe exactamente lo que va a pasar; empieza, sin saberlo, a prepararse para ello, *externa* u objetivamente; y al hacerlo así es posible que no se prepare *interiormente*. Crea invariablemente posibilidades imaginarias que llegan a ser obstáculos innecesarios contra la dirección intuitiva natural, que de otra manera habría sido suya para ayudarle a confrontar cada evento según llegase, y no antes.

¿Entonces cómo podemos prepararnos para el futuro? No podemos prepararnos para éste o aquel evento, porque no sabemos qué ocurrirá mañana o pasado mañana o de hoy en un año. Pero sí podemos establecer nuestras vidas sobre un fundamento sólido de principio, cualesquiera que sean nuestras opiniones religiosas o filosóficas, y tratar de vivir la *esencia* de nuestra herencia espiritual, no importa el tipo de experiencia que nosotros o las naciones del mundo hayamos de enfrentar. Nuestra conciencia reaccionará automáticamente con la calidad precisa de pensamiento y acto exigidos para cualquier eventualidad que guarde el futuro.

Además, por todos los ciclos de desarrollo humano, en cada país y en cada edad, ha habido y hay, hoy día, individuos desconocidos no puestos a la publicidad, que hacen sentir sobre los destinos de sus naciones respectivas su influencia callada, pero potente. Ellos no obran con esperanza de provecho o de reconocimiento personal, sino solamente para que siempre prevalezcan la justicia y la libertad. Rara vez, o nunca, sabemos nada de ellos; y es posible que haya algunos de ellos completamente inconscientes de la extensión o profundidad de su tarea, sin preocuparse por saber a quién sirven, y para qué buenos fines trabajan. ¿Pero no es éste uno de los modos en que los Guardianes de la humanidad descubren, aceptan y preparan nuevos "trabajadores en los campos"?

Aquellas grandes almas que tienen la responsabilidad de la iluminación del hombre y su amparo, ahora y en el futuro, están seguramente tan activos en su auxilio hoy, como siempre lo han estado. Si pudiéramos aprender suficiente de su visión para vislumbrar, aún un poco, el significado interior de su empresa, sabríamos que abarca todo ramo de experiencia. Y aunque no podemos discernir las actividades específicas de estos benefactores silenciosos, podemos sentir su impacto en el pensamiento del mundo. Libros y revistas, aun la prensa diaria, muestran una tendencia creciente a una expresión más libre y clara de aquellas Ideas innatas que son la fuente y origen del tesoro de sabiduría del mundo. Ahora, una vez más, están entrando en posesión de lo suyo estas ideas, pero no sin una lucha, pues mientras más fuerte es el impulso hacia la liberación, más actúan las fuerzas opuestas. Aún así la misma intensidad de la oposición, de parte de los que mantendrían en cadenas al espíritu humano, canalizando a un modo de pensamiento y aspiración prescrita, atestigua la fuerza creciente de aquéllos que laboran por el progreso de la raza. En el crisol de la conciencia del hombre está sucediendo una poderosa alquimia, mientras que la profecía de hace casi un siglo está siendo cumplida ante nuestros ojos:

Tuvo razón Platón: en el mundo gobiernan las *ideas*; y, en la medida en que las mentes humanas reciban *nuevas* ideas, abandonando a las viejas y estériles, el mundo avanzará: poderosas revoluciones saltarán de ellas; credos y aun potestades se derrumbarán ante su marcha progresiva, quebrantados por su fuerza irresistible. Sería tan imposible resistir su entrada, cómo detener el progreso de la marea, cuando llegue su tiempo. Pero todo esto vendrá gradualmente, y antes de que venga, nosotros tenemos delante un deber: el de barrer tanto cuanto sea posible la hez que nos legaron nuestros piadosos antepasados. Tienen que implantarse nuevas ideas en sitios limpios, pues éstas tocan tópicos muy trascendentales.

No son los fenómenos físicos, sino estas ideas universales las que estudiamos, pues para comprender aquéllos, hemos primero que entender éstas. Ellas tocan la verdadera posición del hombre en el universo, en relación con sus nacimientos previos y futuros; su origen y destino final; la relación de lo mortal con lo inmortal; de lo provisional con lo eterno; de lo finito con lo infinito; ideas más amplias, más grandes, más comprensivas, reconocen el reino universal de la Ley Inmutable, inalterable e invariable respecto a que sólo hay un Eterno Ahora, mientras que para los mortales no iniciados, el tiempo es pasado o futuro relacionado con su existencia finita en esta partícula material de barro. — K.H.*

Y asegurando todo esto está la ansiada esperanza de que, algún día, una verdadera "Fraternidad Universal" abarcará a toda la humanidad.

Los que profesamos tener un sincero deseo de contribuir con nuestro óbolo al mejoramiento del hombre debemos preguntarnos: ¿estamos interesados solamente en la luz que estas grandes ideas pueden verter sobre nuestro propio medio ambiente limitado, o estamos persuadidos de vivir y trabajar para que el sol de la Verdad alumbre en las almas de todos los hombres en todas partes?

Muchas personas hoy están pensando acerca de estas amplias e ilimitadas ideas, clérigos y científicos, educadores y escritores, hombres de negocio y madres de familia, tratan de unir las sugerencias dispersas que han estado desde hace siglos cu-

---

*De la colección de las Cartas de los Maestros, guardadas en el Departamento de Manuscritos Selectos de la Biblioteca Británica.

biertas con el polvo de la exactitud literal. Es posible que pocos de nosotros podamos entender "la verdadera posición del hombre en el universo" o nuestra relación con "sus previos o futuros nacimientos"; pero todos responderemos a la verdad de nuestro origen en la Divinidad, a la demanda de nuestro triunfo final sobre el peso de la existencia material, a medida de que tome posesión la fuerza de nuestro espíritu. Pero si sólo un puñado de hombres y mujeres, en cualquier parte del globo y de cualquier religión o de ninguna, pudiesen liberarse de lleno del influjo avasallador de "lo viejo y lo estéril," no es posible prever qué efecto extraordinario esto tendría sobre las generaciones futuras.

La fuerza emancipadora de estas ideas cósmicas está tomando ímpetu. Cuándo y dónde llegará a su cúspide, nadie puede decirlo. Pero si tiene razón mi conjetura, su expresión sobrepasará cualquier cosa que haya ocurrido en la historia de la civilización. No será proclamada con palabras ni con el sonido de trompetas; no necesita el lenguaje del alma palabras ni símbolos ruidosos. Pero podemos estar seguros de que si el llamamiento interior de la humanidad continúa aumentando en volumen, un concepto de la vida enteramente nuevo encontrará manifestación en parajes elevados y humildes.

Todo esto suena muy bien, dice usted; ¿pero cómo nos ayudará esto a confrontar nuestros problemas de aquí y ahora? Es posible que no nos sentiríamos tan desorientados si pudiéramos darnos cuenta de que no es el hombre una especie aislada, sino que es parte de una etapa cósmica de desarrollo en la cual está incluido el universo entero. Cuando nos dicen los astrónomos que nuestro propio sistema solar es sólo uno de trillones en el espacio y, entre los billones incontables de sistemas planetarios girando alrededor de sus soles centrales particulares, que innumerables de éstos bien pueden ser "portadores de vida," están llegando al mismo centro del misterio del desenvolvimiento. ¡Ello quiere decir que los habitantes de aquellos planetas y estrellas también deben, como nosotros los seres humanos, ser dioses en su parte más recóndita, albergándose en templos de materia!

Si pudiéramos observar la corriente de la historia desde los comienzos más primitivos de la evolución de un universo, que incluye el origen del hombre, tanto como los reinos superiores e inferiores a él, veríamos el avivamiento de múltiples formas por la Divinidad, y el despertar simultáneo del aspecto material de la Naturaleza; cómo busca la chispa de vida vehículo tras vehículo en qué incorporarse. Simplemente expresado, impregna el Espíritu a la Materia envolviéndose en grado creciente, dentro de cuerpos hasta llegar al punto más denso de su ciclo; entonces oscila el péndulo hacia arriba y emerge otra vez el Espíritu, haciendo que la materia pierda su dominio.

Por supuesto, esa es una visión muy amplia, pero es significante que en cada tradición antigua se encuentra la misma "idea." En esto debe haber una razón práctica, porque a medida de que estudiamos más su filosofía tras de ella, es mayor el peso que parece tener en nuestro desarrollo personal.

Pensemos en nosotros, por el momento, no como seres humanos, sino como divinidades, chispas divinas, progresando desde el alba de la "creación" a lo largo de nuestro vasto peregrinaje, a través de la existencia material, hasta llegar a ese punto crítico cuando el Hombre, como le conocemos hoy, hubo de nacer. En verdad, estábamos compuestos de Espíritu y Materia, de la chispa divina y de cuerpo. Pero todavía no teníamos consciencia de nosotros mismos. Encontramos aquí que el Espíritu, de una manera única fundido con la Materia para producir un tercer elemento: el fuego de la Mente. De seres humanos infantiles meramente subsistiendo en el Paraíso Terrenal nos convertimos en "almas vivientes" conscientes, distinguiendo el Bien del Mal y reconociendo de manera innata que de ahí en adelante tendríamos que soportar la dureza de una disciplina autoimpuesta sobre nosotros mismos, mientras forjábamos nuestro camino hacia la Deidad. Y aquí es donde nos encontramos en la actualidad: producto de espíritu y materia, somos en verdad dioses en esencia, ¡pero en cuanto se refiere a nuestra evolución, todavía estamos en nuestra fase *humana*!

Podemos entonces ver que estas verdades, que nos fueron proporcionadas al principio de nuestro ciclo racial presente, siguen siendo tan vigentes y fortalecedoras como fueron siempre, y se mantendrán válidas hasta que no alcancemos un nivel superior de desarrollo. Al ser éste el caso, nos corresponde informarnos acerca de cuáles son esas verdades y cómo adaptarlas a nuestras vidas. Son la base de las filosofías antiguas de la India, Grecia, Persia, Egipto y China, de las tradiciones Escandinavas y Germánicas, y de las Américas antiguas; ciertamente forman el corazón y el centro de las enseñanzas del Maestro Jesús. Una vez que experimentemos su valor práctico espiritual, no necesitaremos conocer con nuestros cerebros lo que nos espera más allá de la próxima curva del camino. Estaremos preparados interiormente para enfrentar cualquier exigencia.

Está progresando el mundo tan tempestuosamente, y están cambiándose con tanta rapidez las sicologías y los conceptos mentales, que es difícil mantenerse en equilibrio. Pero eso es exactamente lo que debemos hacer. Y si los tiempos están exigiendo que la humanidad dé otro paso adelante y que *estemos* arriba y más allá de lo que nunca antes habíamos alcanzado, ¿por qué debemos eximirnos usted y yo? Ninguno de nosotros está separado ni aparte del karma de la raza. Somos carne y hueso de la ola vital humana que está luchando; y a medida de que resistimos nuestras propias tormentas de la personalidad y hacemos frente con valor a nuestras angustias y pruebas particulares, así afectaremos para siempre el clima mental del mundo.

La paradoja es que el mismo impacto de las tensiones globales nos está proporcionando el justo escenario esencial para el progreso, la oportunidad de desarrollar una cualidad más profunda de confianza espiritual en nosotros mismos. Por tanto, no debe haber ningún intermediario entre la voluntad de crecer del hombre y la chispa divina interna. Ni sacerdote, ni amigo, ni ningún ideal, por noble que sea, debe interponerse entre nosotros y nuestro Dios, pues cualquier cosa a la que nos apeguemos egoístamente obstruirá la dirección natural interna. Todo lo que podemos hacer es tratar de vivir a plena capacidad nuestra comprensión de aquellos principios espirituales universales que han pasado la prueba del tiempo, pero no podemos arriesgarnos a recetar a otro, la manera de aplicar esa sabiduría acopiada, a su propia vida. ¿Pues quiénes somos nosotros para decir que *nuestro* concepto de lo bueno e inegoísta es correcto para alguien más? Él solamente debe juzgar eso. Por eso es que el desarrollo es primariamente un asunto individual, un progreso perpetuo del alma según avanza de lo menor a lo mayor, del egoismo al altruismo, de la obscuridad a la luz.

Ninguno de nosotros debemos mirar hacia atrás, ni lateralmente, ni en cualquier otra dirección excepto hacia adelante. Si permitimos que nuestra atención e interés se desvíen, aun por un breve momento, del sendero recto que ha señalado para nosotros nuestro Yo inmortal, que equivale en pocas palabras a la adhesión de lo que interiormente percibimos como honrado y verdadero y para el beneficio de todos, en vez de sólo para nosotros, corremos el riesgo de que nuestros ideales, nuestra devoción, aun nuestro amor por lo más elevado que quisiéramos servir, se transforme en sal. Como lo expresó a sus discípulos el Maestro Jesús: "Acordaos de la mujer de Lot. Todo aquél que quisiere salvar su vida la perderá; y quien la pierda la conservará."

La confusión actual de ideales nos ha conducido a un período peligroso; no me refiero aquí a los riesgos de los cohetes, proyectiles, satélites ni bombas. Estos son síntomas, y síntomas alarmantes en manos de los voluntariamente destructores; pero ellos son solamente síntomas y no constituyen al *Hombre*. Si acaece la muy temida destrucción de la civilización, que yo sumamente dudo que ocurrirá, tendremos que confiar en la simple, pero omnímoda verdad que se puede destruir el cuerpo, pero que no se puede matar a la vida. *El hombre sobrevivirá*; hará frente y superará a cada cataclismo que le sea reservado, ya sea diluvio, fuego, o desde el espacio exterior, ¡o dentro de sí mismo!

Naciones y razas han, como tales, una y otra vez pasado fuera de la existencia, pero los egos que las habitaban encarnan de nuevo, en otras tierras y en otras estirpes raciales. Si podemos apreciar aquella visión más extensa, hasta donde nos sea posible como seres humanos, esto no eliminará los peligros, pero nos ayudará a enfrentar con fortaleza todo lo que venga.

Así, pues, tomemos ánimo y asociémonos con aquellos individuos clarividentes y fuertes que en cada país están trabajando calladamente para mantener las ruedas del progreso humano en movimiento, hacia adelante.

Índice

Abrahán 233
Adán 75, 93, 200; y Eva 22, 93-4, 203; Arrojados del 94-5
Alá 57, 79, 142
Alejandría 3, 215-17
Aliento, de la Divinidad 95, 206; de la vida 93
Alma 30, 47, 81-4, 111, 136-8, 145, 153, 166, 185, 193, 201, 206; humana 5, 37-8, 82, 103; "perdida" 38
Alma superior 67
Alquimistas 4
Altruismo 166, 191
Amonio Sacas 3, 209, 214-19, 229

Amrita sendero (vea Compasión)
Ángel Caído 21, 73, 95; de la Guarda 16, 33, 48, 87, 128; registrador 13
Apocalipsis 176
Árbol, del conocimiento 20, 93, 203; de la vida 94
Ariadna, hilo de 12
Aristóteles 61
Arjuna 109
Aspiración 86, 111, 143-4, 202
Ātma 196, 200
Átomos-vitales 51, 184
Atracción (y repulsión) 46, 50-1, 128, 141, 144, 154, 184
Agustín, San 216

Avatares 79, 219
Bhagavad-Gītā 4, 108, 111, 142, 229
Bien y Mal 32, 90, 93, 135-7, 160, 203
Bipolaridad (vea Pares de opuestos)
Blavatsky, H. P. 5, 7, 66, 214, 223, 226, 229-30
Bodhisattvas 186-7; 189
Boehme, Jacob 4, 210, 213
Brahmā 57, 79
Bruno 3
Buda, Gautama 2, 57, 124, 142, 161, 175, 184-7, 208, 214, 221
Budas 186-7
Buddhi 196

Cábala 229
Cabalistas 3-4, 66, 213
Caridad 167, 181
Cartas de los Maestros 238
Cartas Que Me Han Ayudado 147
Causas y efectos (vea Karma)
Ciclo de vida 80
Ciclos 99, 141, 227, 236, 240; ley de los 35-6, 67; de actividad y reposo 6-7, 67-9, 80, 132, 205; de experiencia 73, 158, 204; de necesidad 68, 72
Círculo No Se Pasa 89
Clemente de Alejandría 215
Compasión 32, 161, 187; Budas de 186, 189; sendero de la 168, 186, 188, 190-1, 193
Conciencia, moral 87, 137-45, 149-50; niveles de 49-50, 89, 145, 180
Confianza 16, 26, 116
Confucio 2, 229

Consciencia de sí mismo 20, 38, 64, 72, 78, 84, 150, 203
Corán 24
Corazón, doctrina del 114
Creación 69, 200-1; cuentos de la 80
Cristiana, Escritura 38, 70, 79-80, 113, 131
Cristianismo 3, 39
Cristo 3, 57, 79, 185-6, 208, 221
Cristo, el elemento 16
Crucifixión 122, 226
Cuerpo, modelo 205-6; físico 30, 82-4, 202

Deber 14, 16, 26, 102, 155
Deseo 176, 196, 208
Destino, libro del 13
Dios 32, 57-8, 65, 75, 108, 133, 136, 205-6, 231, 238; Encarnación de 79; personal 21, 27, 30, 70, 77, 85, 90; la voluntad de 75, 83, 85, 87
Divina, chispa 31, 58, 68-9, 72, 138, 196, 231, 240, 242
Divinidad (vea también Dios, Inteligencia Divina); Aliento de 69, 72, 95; esencia de 160, 179, 225, 240; grados de 126
Doctrina Secreta, La 5, 66, 214, 228; las tres proposiciones fundamentales 66
Dogma(s) 55, 64, 95, 100, 109

Eckhart, Maestro 213
Eddas 66, 229
Ego, humano (vea Reencarnante, elemento)
Ein Soph 66
Elohīm 57, 70, 77, 93-6, 205-6

Emerson 4, 67, 152
Espacio 36, 66, 69, 78, 132, 207
Espíritu 30, 48, 53, 82, 205-6; y Materia 49, 201, 240; sendero del 186
Espiritual, Iluminación 102, 110, 155, 191
Estaciones Sagradas 119-21
Ética 32, 155, 166, 181
Eva (vea Adán)
Evolución 5, 45, 68, 126, 231, 240; escala de la 12, 141; finalidad de la 58; auto dirigir su 24

Fatalismo 83-4, 86
Filósofos del fuego 4, 213
Física nuclear 90-2
Fraternidad 58, 61, 108, 158, 171, 228, 238

Génesis 71, 73, 77, 79, 93-4, 206
Genio(s) 50, 175
Gnosis 213
Goethe 36
Gólgota 27, 95
Grial, El Santo 64
Guardián, ángel (vea Ángel)
Guardianes (vea Protectores)

Hanukkah 121
Hatha-Yoga 7
Hércules 117
Herencia 45-6, 50-2
Hijo Pródigo 73
Hīnayāna 184
Hombre, edad de 80, 123, 226; divinidad de 43, 83, 96, 153, 165-6; Naturaleza múltiple del 104, 195-7, 206; división de San Pablo 30, 82, 200, 204-6; potencialmente un Dios 77, 80

Ideas primordiales 5, 65, 219, 237-40
Iglesia, Padres de la 38
Iglesia, Concilios de la 39
Ilimitado 66, 71-2
Indígena Americano 60, 80
Individualidad 41
Infierno 125, 129, 131
Inquisición 57
Inteligencia Divina 21, 30-1, 33, 43, 68, 71, 73, 77, 83, 106, 128, 160, 202, 205, 212, 223
Intuición 24-5, 114-15, 117, 138, 144, 197
Isócrates 60

Jardín del Edén (vea Paraíso Terrenal)
Jeans, Sir James 70
Jehová 57, 79
Jesús 2-3, 28, 39-40, 77, 98, 110, 113-14, 116, 121-2, 124, 133, 156, 164, 195, 214, 219, 233; divina encarnación de 77
Juan 40, 226
Juan el Bautista 39, 98
Judge, W. Q. 109, 147

Karma 6, 12, 19-26, 32-33, 43, 45-6, 50, 72, 82, 103, 106, 127, 139-42, 144, 149, 151-6, 177, 192, 230, 232, 241; bueno y malo 22, 142, 156; superior 16; como una oportunidad 22, 40, 142, 154; inesperado 45, 52; varios tipos de 20, 25-6, 52
Kármico, guión 13, 16-17, 24-5, 103-4, 156
Katha-Upanishad 196
Kepler 3

EXPANSIÓN DE HORIZONTES

Kismet 19
Krishna 2, 109, 111, 142, 208, 221

Lao-Tze 2, 229
Libre albedrío (vea Voluntad)
Libro del destino 13; de Actas 24
Linaje simio 201-3
Lucifer 73, 94

Maestros, del mundo 2, 6, 55, 76, 102, 106, 110, 114, 123, 125, 133, 214
Mahābhārata 109
Mahāyāna 184
Mahoma 2, 124
Malo (vea Bien y Mal)
Manas 196
Mānasaputras 21-2
Manvantara (vea también Ciclos) 132
Mateo 39, 98
Materia 158; sendero de la 186, 191; y espíritu 49, 201, 240
Medio ambiente 45-53, 127
Meditación 179
Mente 47, 115, 197, 202-8; bipolar 204-5, 208; encendieron la 22, 72, 240; hijos de la 22
Misterios, Escuela de 65, 195, 210, 217
Misterioso Universo, El 70
Moción 205
Moiras 19
Moisés 124
Moksha 185
Monádica, esencia 48
Mosaica, ley 20, 139
Motivo 86, 107, 140, 143, 188, 191-3; interno 110, 141, 190

Muerte 41, 47, 53, 81, 90, 125, 132, 184, 232
Murrow, Edward R. 59

Nada 48-9, 66
Naturaleza, reinos de la 158
Navidad 121
Némesis 19
Neoplatonismo 213, 216, 218, 229
Nephesh 206
Neshāmāh 206
Niños 116-17
Nirvana 183, 185, 187, 189-90, 193
Nous 204, 206
Nuevo Testamento 27, 41, 58, 87, 149-50, 156, 200-1, 242-3

Ocultas, artes 107, 166, 215
Ocultismo 107, 166
Ojo, doctrina del 114
Omar Khayyām 11
Oración 27-33
Oráculo Délfico 116, 199

Pablo, San 30, 40, 82, 168, 195, 200, 204, 206, 230
Padre interno 30-3, 38, 42, 48, 89, 96, 133, 205, 217, 219
Panteísmo 230-1
Paracelso 3
Paraíso 31, 50, 125, 129, 131; reino del 98, 100, 110, 115
Paraíso Terrenal 20, 22, 42, 93-4, 150, 240
Pāramitās 163-81, 183, 189
Pares de opuestos 15, 90-1, 174, 176; luz y obscuridad 98, 179, 242

Pascua de Resurrección 121-2
Passover 121 (pascua)
Pecado, nacido en 21, 84, 93, 95; remisión 28
Pensamiento 104-5
Perdida, alma 38
Perdón 28, 31, 151
Personalidad 41-2, 48, 103, 127-8, 196
Pico de la Mirandola 3
Piedra Filosofal 64
Pitágoras 214, 229
Platón 2, 184, 214, 216, 218, 229, 237; diálogos de 143; reminiscencia, doctrina de la 143, 218-19
Pleroma 71
Plotino 217-18
Pneuma 200, 204-6
Poderes síquicos 7, 101, 107, 110
Porfirio 217-18
Portador de la luz 73, 94
Pralaya 132 (vea también Ciclos)
Pratyeka Buddha 189, 192; sendero de 186, 188, 190, 193
Predestinación 83-4
Prometeo 22, 73; fuego de 202-3
Protectores 7, 208, 237
Psyche 200, 204, 206
Purānas 80

Rāja-sol 131
Reencarnación 5, 20, 24, 35-40, 45, 81, 88, 103, 125, 225, 231-2; referencias bíblicas 39, 81; conceptos erróneos sobre la 37, 126, 184
Reencarnante, elemento 37, 41-2, 46-7, 49, 52-3, 103-4, 141, 155

Regla de oro 59-61, 63, 79, 168
Religión-Sabiduría 2, 6, 65-6, 73, 219, 227, 229
Religiones mundiales 63-5, 103, 109; fuente común de las 57, 79, 226; comparadas 56; regla de oro en las 60-1
Remordimiento 147-54
Renacimiento (vea Reencarnación)
Revolución Americana 4
Revolución Francesa 4
Rosh Hashana 121
Rūahh 205-6
Rubāiyāt 11
Rueda de la vida 141

Salvador(es) 121, 226
San Martín 4, 213
Śarīra 196
Satanás 90, 93, 136
Senderos, los dos 168, 186, 193
Separación de los sexos 94
Serpiente 93-4, 203
Servicio 164, 167, 171, 188, 192
Shelley 36
Siquismo 7, 101, 107, 166, 214
Śiva 57
Sócrates 112; demonio de 144
Sol, el 120-1, 126, 130-1, 207, 239
Soma 204
Sufrimiento 12, 15, 23, 139-42, 151, 169
Sunrise 8

Tao 57
Temor 21, 26, 125, 129
Tennyson 36
Tentación 32-3

Teosofía 209-33; organizaciones modernas de 214, 221-3
Teosófica, La Sociedad 228
Theosophia 3, 66, 211-20, 225; primeras manifestaciones de 209, 222
Tierra, edad de la 123
Transcendentalista 4
Transmigración (vea también Reencarnación) 37
Tsong-Kha-pa 4

Upanishads 48-9, 184, 196, 208, 224, 229

Vacío 66, 69, 71, 77-8
Vedanta 185
Vedas 176
Vellocino de Oro 64
Verdad 2, 7, 64, 76, 78-9, 105, 109, 149, 179, 214, 220, 227; no una palabra final 6, 64, 75-6; río de la 2, 5; piedra de toque de la 9, 63, 73
Vida, guía y mentor de la 9; sed de 50, 53
Vinci, Leonardo de 3
Virtudes (vea Pāramitās)
Vishnú 57
Voluntad, Divina 83, 87, 95, 197; libre albedrío 14, 22, 43, 50, 67, 72, 75, 81, 83-8, 136, 150; de Dios 75, 83, 85, 87, 95; humana 98, 114, 196-7; personal 25, 28, 33, 192; espiritual 16, 25, 33, 114, 196
Voz del silencio, la 163

Wordsworth 36, 116

Yo Superior 16, 52, 103, 106, 139, 144, 156, 191; inmortal 13, 24, 43, 103, 127, 160, 197

Zohar 66
Zoroastro 61, 221

Obras Citadas

Page
4   L. C. de San Martín, *Correspondencia Teosófica*, p. xxvi
8   Mateo 7:14
11   *Rubáiyat of Omar Khayyám*, 51 (trad. Fitzgerald, primer Ver., 1859)
19   Gálatas 6:7
20   Éxodos 21:24
27   Lucas 22:42
30-3   Mateo 6:9-13
35   *Bhagavad-Gītā* 8:26 (Recension W. Q. Judge, 1969, p. 48)
37   William Q. Judge, *El Océano de Teosofía*, 1973, p. 76
39   Mateo 16:13-14
40   Juan 9:2-3; Gálatas 6:7
41   2 Corintios 6:16
48-9   *Chāndogya Upaniṣad* VI. 12.1-3 (Cf. *Los Principales Upaniṣads*, trad. Radhakrishnan
59   Edward R. Murrow, *En esto yo Creo*, 1954, 2:165
60   Indígenas Americanos: Tradicional
       Budismo: *Sigālovāda Suttanta* §31 (Cf. *Libros Sagrados del Budismo*, trad. Rhys Davids, 4:182)
       Cristianismo: *Mateo* 7:12
       Confucianismo: *Analects* XV:23
       Filosofía Griega : *Oraciones*, Nicocles 61; D. Laertius, *Vidas*, Aristóteles, V.21
61   Hinduismo: *Mahābhārata* V. 1517
       Islam: *Las enseñanzas de Mahoma*, 1910, Sunnah 3
       Judaísmo: *Levítico* 19:17-18
       Zoroastrismo: *Dādistān* 94:5 (trad. West, *SBE*, 18:271)
66-8   H. P. Blavatsky, *La Doctrina Secreta*, 1988, 1:14-17
69   Génesis 1:2
77   Cf. *1 Corintios* 3:16
89   Cf. *La Doctrina Secreta* 1:129-30
92   Mateo 5:13
93-5   Génesis 2-3; Lucas 22:42
96   *1 Corintios* 6:3
98   Mateo 17:20, 11:12
105   *Bhagavad-Gītā* 5:12 (Judge, p. 30)
108   *Bhagavad-Gītā* 1:2 (Judge, p. 1)
109   Cf. *Bhagavad-Gītā* 7:3 (Judge, p. 41)

EXPANSIÓN DE HORIZONTES

110	Cf. *Mateo* 6:33
111	*Bhagavad-Gītā* 4:11 (Judge, p. 24)
112	Platón, *Theaetetus* §§149-51 (trad. Jowett, 2:150-3)
113	*Mateo* 18:3
114	H. P. Blavatsky, *La Voz del Silencio*, p. 25
116	Wordsworth, "Intimaciones de Inmortalidad," Stanza 5
117	"Hércules y el Carretonero," *Fábulas de Esopo*
131	Cf. *Cartas de los Maestros a A. P. Sinnett*, 1975, Carta XXIIIB, p. 167
142	*Bhagavad-Gītā* 9:23 (Judge, pp. 51-2)
143	*Bhagavad-Gītā* 4:38 (Judge, p. 28)
	Platón, *Meno* §§81, 85, 86 (trad. Jowett, 1:360, 364-8)
147-9	W. Q. Judge, *Cartas Que Me Han Ayudado*, 1981, 1:25
149-50	Cf. *2 Corintios* 3:6; *Juan* 6:63
156	*Mateo* 19:24
159	Shakespeare, *Hamlet*, 5. 2. 10
164	Cf. *La Voz del Silencio*, pp. 47-8, 33
168	*1 Corintios* 13:1
170	*Mateo* 6:4
171	*Cartas de los Maestros a A. P. Sinnett*, Carta XXXVIII, p. 252
174	Cf. *Bhagavad-Gītā* 2:45 (Judge, p. 12); *La Voz del Silencio*, p. 48
176	*Rig Veda*, X. 129. 4; *Revelación* 3:16
178	Cf. *Bhagavad-Gītā* 2:48 (Judge, p. 13)
179	*La Voz del Silencio*, p. 48
181	Aśvaghosha, *Mahāyāna Śraddhotpāda Śāstra* (*El Despertar de la fe*), 4
191	Cf. *Bhagavad-Gītā* 6:5 (Judge, p. 34)
195	Cf. *Mateo* 13:10-11
200	*1 Corintios* 15:44
201	*Romanos* 7:23, 7:19
204	Cf. *La Voz del Silencio*, p. 1
206	*Génesis* 2:7
207	*1 Corintios* 15:47
208	*1 Corintios* 15:45
211	*Webster's New Collegiate Dictionary*, 1956, p. 881
217	"La vida de Plotonio," §3 (Plotonio, 1966, I:8)
219	Platón, *Phaedo*, §§75, 77, *Meno* §81 (trad. Jowett, 1:459, 461, 360)
220	*Bhagavad-Gītā* 4:7-8 (Judge, p. 24)
226	*Juan* 1:7-9
	La Doctrina Secreta 1:xxxvi
233	*Juan* 8:58, *Salmos* 23:4
237-8	*Cartas de los Maestros a A. P. Sinnett*, Carta VI, p. 24
242-3	*Lucas* 17:32-3